Lyon

Presqu'île

d'hier à aujourd'hui

Sophie Hochart

ES
Editions
Sutton

Merci…

à tous ceux qui ont apporté leur contribution à cet ouvrage, tout particulièrement à Gaspard Chauleur pour l'idée originale de la maquette ;

à toutes les personnes qui m'ont permis d'utiliser des clichés ou des documents issus de leur collection personnelle (Bruno Thévenon, Yves Rivoiron du café des Fédérations, Béa Devin, Françoise et Alain Perrot, les sociétés Asylum, CT Light et Latitude-Cartagène) ;

à toutes les âmes bienveillantes, en lieux privés ou publics, qui m'ont permis d'accéder à leur fenêtre ou à leur balcon ;

aux amies et amis lyonnais, pour le gîte et le couvert maintes fois offerts ;

à Béa et Gaspard pour leur précieux œil de dernière minute ;

à Ben pour ses talents de magicien ;

à Anne-Catherine Marin, Amélie Guillet et Gilles Bernasconi des archives municipales de Lyon, Anne Meyer de la bibliothèque municipale de Lyon et Julien Guillot de la Région Rhône-Alpes ;

à Emmanuelle Bequet-Delavalle des Editions Sutton ;

et à J.-C. Beatles, intendant en chef irremplaçable.

Editions Sutton
28, rue des Granges Galand
37550 Saint-Avertin

Première édition 2e trimestre 2013

ISBN 978-2-8138-0664-2

ISSN
Dépôt légal : 2e trimestre 2013
Imprimé en UE

Sommaire

Introduction

Parce qu'elle n'est pas née d'hier, ni d'avant-hier, la ville de Lyon a un caractère bien trempé. Celui d'un territoire modelé par deux mille ans d'histoire et par le mariage longtemps mouvementé du fougueux Rhône et de sa majestueuse compagne, la Saône. C'est une ville au souffle long et à l'âme bigarrée, qui a vécu mille vies et connu d'innombrables visages. Elle naît *Lugdunum* et gallo-romaine, au Ier siècle av. J.-C., sur les pentes de la Croix-Rousse et les bords de Saône. Les Romains la sacrent capitale des Gaules avant de l'entraîner dans leur chute précipitée par les invasions barbares. Son nom, déformé au fil du temps, devient successivement *Lugdon*, *Luon*, *Lion* puis Lyon. Médiévale, elle revit sous la coupe ecclésiastique du primat des Gaules et investit la Presqu'île. La Renaissance la voit s'épanouir en capitale du grand commerce et de la banque, attirant les marchands de toute l'Europe. Puis c'est la soie qui gagne ses faveurs, faisant rapidement vivre la moitié de sa population. Après la Révolution, jugée trop royaliste, elle perd son nom et devient Commune Affranchie. Réhabilitée sous l'Empire, elle se tourne tout entière vers la soie, devient ville manufacturière et s'installe pour de bon sur les pentes de la Croix-Rousse, annexant bientôt le faubourg du même nom situé au-delà des remparts. Au sud de la Presqu'île, sur les terres enfin asséchées d'un confluent capricieux, Lyon se découvre une vocation industrielle et logistique, dopée par la présence précoce du chemin de fer. Cent cinquante ans plus tard, la reconquête de la Confluence permet à la cité de doubler la surface de son centre-ville.

Entre ses deux rives, là où tout a commencé et là où un nouvel avenir se dessine à la pointe du confluent, Lyon concentre les souvenirs croisés de toutes ces époques. Ville antique, militaire, religieuse, classique, marchande, ouvrière, mais aussi ville Lumière berceau du cinématographe et fief du 8 décembre, capitale de la Résistance pendant la seconde guerre mondiale, cité gastronomique réputée… Avant, après : à travers le prisme de la photographie, la Presqu'île s'offre aux regards telle qu'elle fut et telle qu'elle est, instants fugaces préfigurant celle qu'elle sera bientôt.

Au commencement fut… la Presqu'île

Depuis l'Antiquité, où elle n'était qu'une petite île encerclée par les eaux du Rhône et de la Saône, la Presqu'île a bien changé. Sur le plan de 1706, elle n'est pas encore reliée au sud à l'île de Moignat. Au-delà d'Ainay, on a les pieds dans l'eau. La ville est à l'abri derrière ses remparts. L'habitat est dense, sauf sur les pentes où seul le secteur de la Grande-Côte est urbanisé. Un seul pont permet de traverser le Rhône, l'ancêtre du pont de la Guillotière. Il en sera ainsi jusqu'au XVIIIe siècle. Sur la Saône, ils sont trois : le pont de Saône (construit vers 1070), la passerelle Saint-Vincent (1637) et le pont Bellecour, futur pont Bonaparte (1642).

Comblée, agrandie, remodelée…

Au XVIIIe siècle, le confluent est repoussé vers le sud sous la direction de l'ingénieur Antoine-Michel Perrache, après le comblement et l'assainissement des terrains gagnés sur les marécages. Lyon attend le XIXe siècle pour sortir de ses antiques murailles et s'étaler en direction du plateau de la Croix-Rousse, des Brotteaux, de la Guillotière et de Vaise. C'est aussi à cette époque que la Presqu'île est percée de larges avenues et que la gare de Perrache est créée, coupant le territoire en deux zones bien distinctes. Au sud, les industries et les entrepôts des XIXe et XXe siècles ont depuis peu cédé la place à un nouveau quartier emblématique d'une ville ouverte sur le monde et sur l'avenir.

Plan de la ville de Lyon par Nicolas de Fer, 1705. 3PH00357, AM Lyon.

© Latitude-Cartagène cartographies.

Serin : une histoire d'eau, d'entrepôts… et d'autos

Coincée entre la Saône et le plateau de la Croix-Rousse, la petite plaine de Serin a l'âme frontalière. La Saône, d'abord, qui la sépare de Vaise, la fait longtemps vivre de son trafic. Les premiers habitants du quartier sont mariniers, bateliers, pêcheurs, marchands de blé ou verriers. En 1722 est construit le grenier d'abondance (actuelle Direction régionale des affaires culturelles). Dans le long bâtiment, on stocke le blé acheminé par bateau et acheté par la ville de Lyon pour nourrir la population, notamment en cas de disette. Mais c'est d'une autre frontière que Serin tire sa notoriété et sa prospérité au XIXe siècle : la muraille Saint-Sébastien, construite au XVIe siècle pour protéger Lyon des invasions. Le fort Saint-Jean, qui en constituait l'extrémité ouest, est toujours visible. Il abrite, depuis 2004, l'Ecole nationale des contrôleurs du Trésor public.

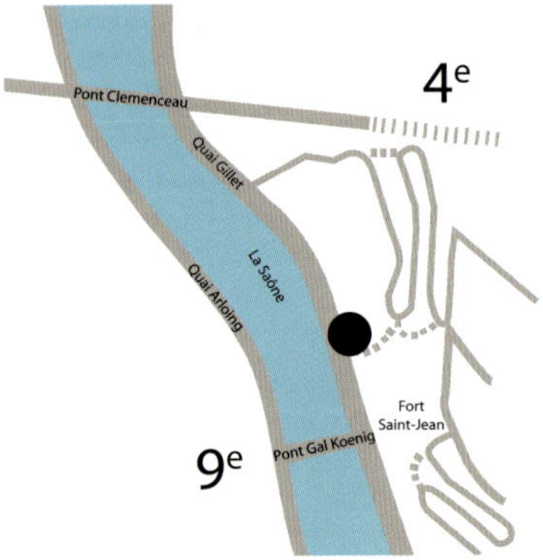

Entre identité perdue et recomposition urbaine

Du fait de sa situation *extra-muros*, Serin n'est pas soumis à l'octroi lyonnais et attire en particulier les commerces de vin en gros. Les entrepôts se multiplient, dont seul reste un nom de rue. En 1853, l'usine de teinture Gillet s'installe à Serin. Et avec elle ses cheminées en brique, qui ont toutes disparu du paysage. On n'en dira pas autant des barres d'immeuble construites dans la seconde moitié du XXe siècle.

Avec la construction du tunnel de la Croix-Rousse et le percement de l'avenue Birmingham dans les années 1950, le quartier se retrouve coupé en deux (on voit ici la partie sud), en proie à un important transit automobile. La création d'un futur pont Schuman sur la Saône fait partie d'un vaste projet d'aménagement des quais de Saône englobant le bas-port Gilet.

serne de Serin, vers 1910.
I_2905, AM Lyon.

Bateau-mouche : made in *Lyon !*

Contrairement à une idée reçue, les bateaux-mouches ne sont pas une invention parisienne. Ils sont nés à Lyon en 1862. On voit, sur l'ancienne photo, un spécimen de la ligne de bateaux-omnibus à vapeur reliant La Mulatière à Vaise et même l'Ile-Barbe le week-end. Les bateaux-mouches arrivent à Paris en 1866, à l'occasion de l'Exposition universelle, avant de faire les beaux jours des promenades sur la Seine.

Quand le soutien-gorge fait salon

Nous sommes sur le plateau de la Croix-Rousse, entre les rues Deleuvre et Henri Gorjus, non loin de l'actuel métro Hénon. Longtemps, la partie ouest du plateau n'intéresse guère les constructeurs. Au début du XXe siècle, on y trouve encore de grandes propriétés et des terrains de cultures maraîchères. En 1938, l'industriel Ernest Rat fait construire une usine débouchant sur la toute récente rue Deleuvre. Elle jouxte une autre usine élevée rue Henri Gorjus par le même homme dix ans plus tôt. Toutes deux forment la société Occulta-Gaine Scandale.

Ici, pendant trente ans, sont fabriqués des gaines-ceintures et soutiens-gorges Scandale. Une marque connue pour avoir fait tourner la tête de plus d'un passant avec ses célèbres affiches. L'heure de la libération du corps féminin a sonné, finis les corsets rigides et encombrants : la lingerie devient souple, confortable, fabriquée en élastique tissé et tissu élastique tricoté.

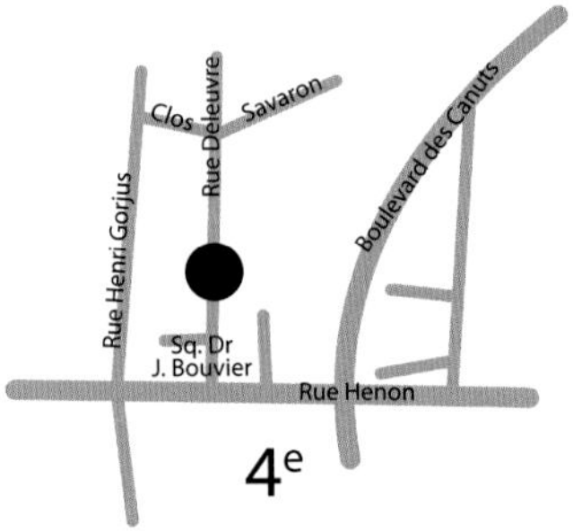

Un cachet industriel au goût du jour

Le bâtiment en béton est l'un des rares témoins, à Lyon, de l'histoire de l'industrie textile datant de cette époque. Il se compose d'un corps de trois ateliers superposés, reposant au-dessus d'un entrepôt et desservis par un ascenseur. Après la fermeture du site Occulta-Gaine Scandale en 1968, les murs sont rachetés par la société Pila, spécialisée dans la soierie et le ruban. Elle y restera jusqu'à son dépôt de bilan en 2002, date à laquelle le premier cliché a été pris. L'architecture remarquable des lieux leur a valu d'être réhabilités et transformés en lofts d'habitation. La charpente métallique et les sheds lumineux typiques des ateliers industriels font désormais brillamment carrière dans la décoration intérieure.

Signe particulier : *sheds d'époque*

Symbole immuable de l'architecture industrielle, les sheds forment généralement des toitures en dents de scie, dont les versants les plus courts sont vitrés et orientés nord. Ils permettent aux grandes surfaces des ateliers d'obtenir un éclairage régulier, à une époque où les ampoules électriques sont encore rares. Ils ont ici la particularité d'être de forme rectangulaire et orientés est.

Intérieur de l'usine rue Deleuvre. Cliché D. Gourbin. © Région Rhône-Alpes, Inventaire général du patrimoine culture, 2002, ADAGP.

Cliché Béa Devin.

Place Belfort,
rare trouée au milieu des immeubles-ateliers

En plein cœur du quartier historique des canuts, voici une place dont l'existence n'a tenu qu'à un fil. Face à la fièvre constructrice qui s'empare du faubourg de la Croix-Rousse dans la première moitié du XIXe siècle, peu de terrains résistent aux lotisseurs sur l'est du plateau. Il s'agit de proposer aux tisseurs, de plus en plus nombreux, des logements adaptés aux contraintes techniques imposées par leurs mécaniques volumineuses et bruyantes. Les grandes propriétés sont morcelées et vendues, une fois les voiries créées. Suite aux protestations d'un Croix-Roussien influent, la commune interdit la moindre construction sur le terrain situé en face du couvent de la Visitation. Une place providentielle est née, qui reste l'une des seules du secteur. Tout autour, les façades uniformes des immeubles-ateliers affichent cette simplicité typique du bâti de la colline. Les murs, sans décoration superflue et sans balcon, sont percés à intervalle régulier de très grandes fenêtres pour permettre aux canuts de bénéficier au maximum de la lumière du jour. Les volets – pour quoi faire ? – n'ont pas droit de cité.

Adieu « bistanclaque-pan »

Aujourd'hui, la fontaine et la colonne Morris ont disparu du paysage. Mais le plus gros changement est sans doute moins visuel que sonore. Au début du XXe siècle, la soierie reste la principale activité du plateau, même si son déclin est entamé. Le « bistanclaque-pan », bruit monotone et lancinant des métiers à bras, résonne encore probablement sur la place depuis un atelier ou une salle de cours. Car, depuis 1884, l'Ecole de tissage a pris ses quartiers au numéro 2 de la place et voit défiler quantité d'enfants de canuts, d'ouvriers et de chefs d'ateliers venus se former aux différentes techniques du tissage de la soie.

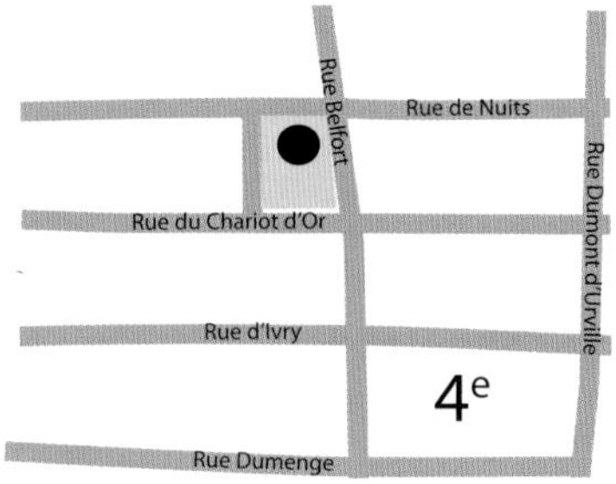

ace Belfort, vers 1910.
_11803, AM Lyon.

« *Vivre libre* en travaillant…

… *ou mourir en combattant* » : telle est la devise des canuts qui occupent Lyon en novembre 1831. Ils réclament l'établissement d'un tarif minimal (le prix payé pour une aune de soie). Rejoints par les tisseurs des Brotteaux et de la Guillotière, ils s'emparent de la ville. Croyant tenir leur tarif, ils réintègrent les ateliers. Un mois plus tard, le tarif est annulé et les fortifications renforcées. L'insurrection est un échec mais elle restera comme l'une des premières révoltes ouvrières.

Pont de la Boucle : droite ligne vers le béton

C'était la Belle Epoque : esthétique des lignes courbes, architecture métallique... Empruntant aux codes de l'Art nouveau, le pont de la Boucle enjambe le Rhône de ses sculpturales arches aériennes pendant plus de quatre-vingts ans. Son nom, comme celui de la montée au pied de laquelle il est situé, a visiblement une origine géographique, en raison de la grande courbe que décrit le Rhône contre les balmes de Caluire. A son ouverture en 1899, il met fin à des décennies de traversée plus ou moins laborieuse à bord d'ouvrages éphémères : bac métallique, pont de bateaux, passerelle en bois ou en acier. Mais, malgré son imposante structure, après avoir résisté aux inondations et survécu à deux guerres, il ne fait pas le poids face à celui de la circulation automobile.

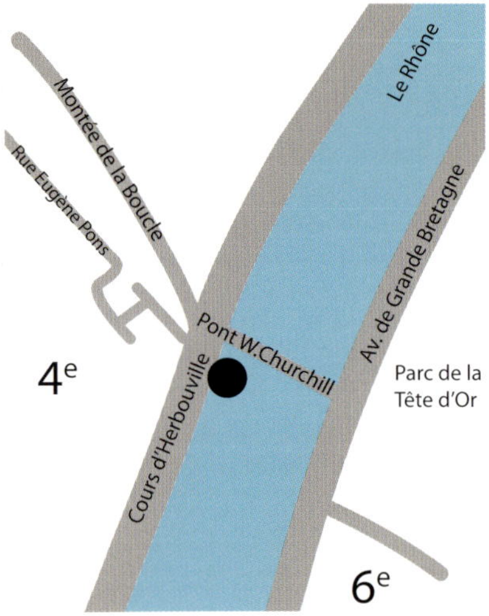

CO_2 et vue imprenable

Ni le pont ni la montée de la Boucle ne sortent indemnes des années 1980. Le premier, jugé trop étroit avec sa chaussée de 5,40 mètres, est limité en charge. Désossé et vendu en pièces à la ferraille, il est remplacé en 1982 par le très bétonné pont Winston Churchill. Pour les mêmes raisons, la charmante montée de la Boucle est remodelée, élargie et redressée, afin d'accueillir sur quatre voies son lot quotidien de véhicules. Le cours d'Herbouville, connu pour être l'une des plus belles promenades de Lyon au XIXe siècle, n'est pas non plus épargné. *Exit* la double rangée d'arbres qui fit sa renommée ; bonjour les quatre voies circulées et les parkings en terre-plein central. Et comme le béton est généreux, il a aussi fait son apparition sur le flanc de la colline. A l'époque, le nombre d'étages d'un immeuble ne dépend encore que de la superficie de la parcelle sur laquelle il est construit...

Le pont de la Boucle, depuis la rive gauche du Rhône.
Fonds Jules Sylvestre, vers 1930. P 0546_S 1236, BM Lyon.

Péages : *fin de l'histoire*

Jusqu'au milieu du XIXe siècle, les ponts de Lyon sont en général soumis à un péage. Cette somme permet aux organismes privés ou semi-privés qui prennent en charge leur construction de rentrer dans leurs frais. Après le rachat des droits de péage par l'Etat sous le Second Empire, les ponts du Rhône sont rendus à la gratuité en 1860, suivis par ceux de la Saône en 1865.

Saint-Augustin, d'une église à l'autre

Un an avant le rattachement de la commune de la Croix-Rousse à Lyon, qui intervient en 1852, une nouvelle paroisse est créée sur le plateau. La population s'est en effet considérablement accrue dans la première moitié du XIXe siècle, avec l'arrivée en masse des travailleurs de la soie. On compte 4 530 habitants en 1806 et 30 549 en 1845. Dans le quartier des Tapis, on se plaint de l'éloignement de l'église Saint-Denis située rue Hénon. Une souscription publique est lancée par les futurs paroissiens, en majorité tisseurs, pour l'achat d'un terrain et la construction d'une église provisoire. Celle-ci est inaugurée le 13 avril 1851, à l'angle des rues Denfert-Rochereau et Valentin Couturier. Caractérisée par une grande sobriété dans le bâti et le décor, elle comporte un étage aménagé en salle de classe. Initialement prévue en pisé, elle est finalement érigée en pierre pour répondre aux obligations de la voirie municipale. Cela ne changera en rien son destin.

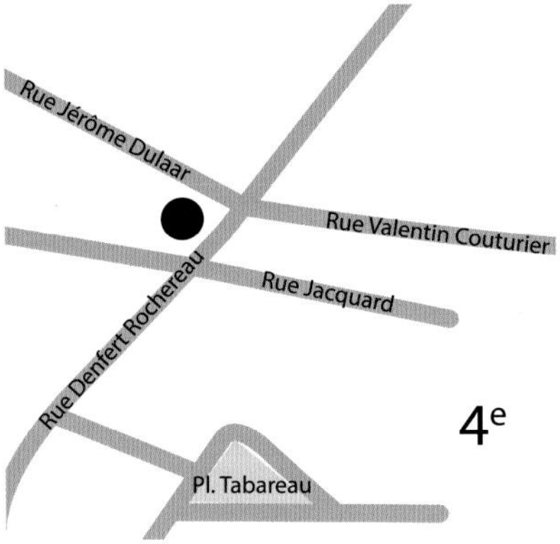

Quelques mètres plus loin

En 1853, après seulement deux ans d'existence, l'église peine déjà à contenir tous ses paroissiens. Elle est agrandie et dotée de sacristies et de dépendances. Un terrain adjacent est cependant acheté en 1881 en vue d'y faire construire un nouveau lieu de culte. La seconde église Saint-Augustin sort finalement de terre en 1912 et se dresse toujours sur son emplacement. On devine sa façade d'inspiration byzantine, cachée derrière un arbre, un peu plus loin dans la rue Denfert-Rochereau. De l'église provisoire, il ne reste rien. A sa place a poussé un immeuble d'habitations et de bureaux.

ʹglise Saint-Augustin, vers 1910.
FI_1939, AM Lyon.

Influences *variées*

La nouvelle église, construite par l'architecte Augustin Chomel, s'inspire des basiliques siciliennes qui empruntent elles-mêmes à différents styles : un plan en croix latine façon abbaye bénédictine, une élévation type basilique romane, des décorations et une charpente apparente dans l'esprit byzantin. Le tout avec des formes simples et des matériaux peu coûteux.

De la boule au stade :
le destin sportif du Clos Jouve

Congrégation religieuse, militaires, boulistes, ouvriers... Le moins que l'on puisse dire, c'est que le Clos Jouve a vu passer du monde. Jusqu'à la Révolution et la confiscation des biens nationaux, ce terrain planté de vignes fait partie de l'immense propriété des Chartreux qui couvre plus de 20 hectares sur la partie occidentale des pentes de la Croix-Rousse. Au début du XIXᵉ siècle, la parcelle située en bordure du rempart est vendue aux enchères à la famille Jouve. Dans un premier temps, l'endroit fait office de terrain de manœuvres pour les militaires du fort Saint-Jean. Mais il est rapidement pris d'assaut par des tireurs d'un autre genre : les boulistes.

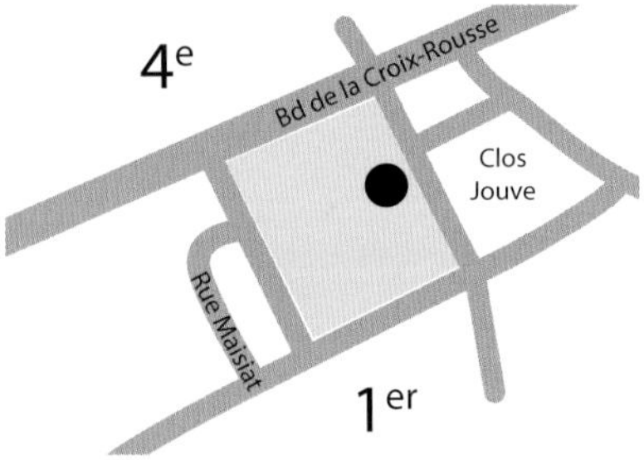

Ici naquit le sport boules

En 1850 est fondée la toute première société officielle de jeu de boules, le Clos Jouve, marquant la naissance du sport réglementé. La boule lyonnaise, ou sport boules, se distingue de la pétanque par l'usage de boules plus lourdes, un terrain plus long et une technique de tir différente. Pendant un siècle, l'esplanade du clos Jouve voit affluer les joueurs pour des parties commençant à 10 heures du matin et se poursuivant souvent jusque tard dans la nuit. L'équipe du Clos Jouve s'y taille une belle réputation de gagnante. En 1935, comme on peut le voir sur le cliché en noir et blanc, une cité d'habitations à bon marché est apparue sur la partie est de l'ancien terrain militaire. Les rues Carquillat et Leroudier ont parallèlement été ouvertes. En 1954, la construction du stade Roger Duplat entraîne le transfert des terrains de boules de l'autre côté du boulevard, en face de l'actuel IUFM (Institut universitaire de formation des maîtres).

Cité d'habitations à bon marché du clos Jouve (Clermont architecte ; vers 1935).
15PH1/255, AM Lyon.

Fanny et ses fesses : *Croix-Roussiennes ?*

On dit que la Fanny de la tradition bouliste, celle dont celui qui ne marque aucun point doit aller embrasser les fesses à la fin de la partie, était une fille du quartier. Traditionnellement représenté sur une affiche, son postérieur, paraît-il, n'était pas des plus plaisants. D'où la « punition ». Sa sculpture trône aujourd'hui devant les actuels terrains de boules, à l'intérieur d'une grosse boule métallique.

Place des Tapis : sésame pour le nord

Avant le rattachement de la Croix-Rousse à Lyon en 1852 et la destruction du rempart qui les séparait depuis le XVIe siècle, l'actuelle place des Tapis était occupée par l'un des six bastions qui flanquaient la « muraille Saint-Sébastien » d'est en ouest. Elle en a gardé la forme triangulaire, bien que grignotée par le boulevard des Canuts. On a du mal à imaginer aujourd'hui qu'à la place des façades s'élevait un mur d'une dizaine de mètres de haut et de plus de deux mètres d'épaisseur, courant depuis la Saône jusqu'au Rhône tout au long du boulevard de la Croix-Rousse... Devant le bastion, on trouvait un tapis de gazon qui donna son nom à la place.

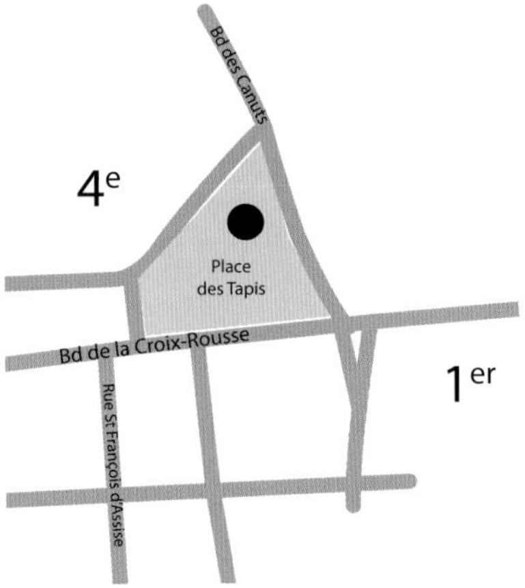

Loco, métro, auto

En 1863, le chemin de fer pose ses rails au nord-est de la place. La ligne, qui permet de relier Lyon au camp militaire de Sathonay, est construite dans le prolongement de celle du funiculaire de la rue Terme ouverte un an auparavant. La gare est d'abord située contre le terminus de la Ficelle, rue de Crimée. Cela donne lieu à un curieux spectacle : celui d'un train à vapeur traversant le boulevard à horaire régulier. Pour ne plus gêner la circulation, une nouvelle gare est construite en 1897 au nord de la place des Tapis : on l'aperçoit à l'arrière-plan sur le cliché ancien. La ligne est prolongée jusqu'à Bourg-en-Bresse en 1866, Trévoux en 1882, et draine de nombreux Lyonnais le week-end. Mais elle ne survit pas à la concurrence des axes routiers. Elle ferme définitivement en 1953 et est remplacée par le boulevard des Canuts en surface et le métro C en souterrain. Envahie par la circulation et les voitures en stationnement, la place des Tapis sera bientôt réaménagée pour retrouver un caractère davantage piétonnier.

On l'appelait *la « Galoche »*

Nul ne saurait expliquer avec certitude d'où vient ce surnom donné affectueusement par les Lyonnais à la ligne de train reliant Lyon à Sathonay-Camp. On raconte que des ouvriers empruntaient tous les jours la ligne avec leurs sabots crottés et qu'ils auraient été surnommés les « Galoches » par leur direction. Le nom serait resté. Une autre histoire en attribue l'origine au bruit saccadé des roues sur les rails, comparable au bruit des sabots sur les pavés. Mais il y en a d'autres…

« Charmant canut, belle hauteur de plafond »

Pendant la première moitié du XIXe siècle, la Croix-Rousse se tapisse d'immeubles-ateliers. La construction de cet habitat inédit, spécifiquement dédié aux ouvriers de la soie, coïncide avec l'invention de la mécanique Jacquard. Tout compris, un métier mesure désormais 3,90 mètres de haut, obligeant les tisserands à quitter les quartiers du Vieux Lyon où ils étaient installés. Ils trouvent refuge sur la partie est de la colline, qui leur offre les ateliers *ad hoc*. La pièce est vaste et haute, parfois séparée en deux par une mince cloison. Elle contient généralement autant de métiers que de fenêtres, lesquelles sont hautes et garnies de papier huilé en guise de vitre pour protéger les fils teints du soleil. Au plafond, les poutres rapprochées permettent de caler les métiers et d'éviter les vibrations. Dans un coin, une alcôve accueille le lit conjugal, tandis qu'une soupente à mi-hauteur sert de chambre aux enfants et aux apprentis. Sous ce plancher, on trouve la pierre d'évier, qui sert également de salle de bains.

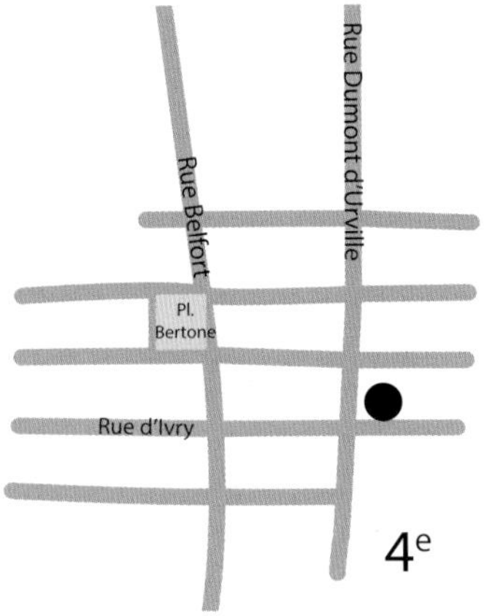

150 ans après, le canut se vend bien

Avec le déclin du tissage traditionnel, les ateliers sont progressivement transformés en logements. Difficiles à chauffer, souvent sans eau chaude, ni baignoire, ni douche, ni W.-C. intérieurs, ils sont longtemps boudés et n'attirent que les catégories modestes. Mais, depuis quelques décennies, les appartements « canuts » ont la cote. Surtout auprès des classes moyennes et aisées, souvent jeunes. Grâce à des mesures fiscales avantageuses, les propriétaires ont été incités à rénover ces logements lumineux avec mezzanine, parquet et plafond à la française, bénéficiant parfois d'une vue imprenable. Ils se vendent aujourd'hui aux alentours de 3 500 euros le mètre carré.

Brasse-roquets, *ourdisseurs et Cie*

Les canuts reçoivent les commandes des fabricants, qu'on appelle aussi marchands ou soyeux. Ils travaillent à la commande et à la pièce, dix-huit heures par jour. Parmi eux, les chefs d'ateliers possèdent leur métier à tisser et emploient des compagnons, logés et nourris. Autour d'eux gravitent une quantité de petits métiers : brasse-roquets, dévideuses, ourdisseurs, assembleurs, rondiers, garçons de peine, coupeurs, cartonniers, emballeurs, livreurs… Ainsi va la Grande Fabrique lyonnaise.

Un canut sur métier à façonnés.
Fonds Jules Sylvestre, vers 1930. P0546_SA 9/15, BM Lyon.

Bière, cinéma et retraités

136 boulevard de la Croix-Rousse : une adresse bien connue des Croix-Roussiens pendant longtemps. Chargé d'histoire culturelle, le lieu est accessible depuis le bas des pentes par la Ficelle de la rue Terme, dont le terminus est à deux pas. Avant même que le Chanteclair ne s'y installe en 1933, deux autres cinémas s'y sont tenus : le Noailly (1919-1920) et l'éphémère Palace City. Mais l'endroit est d'abord connu pour être l'un des temples de la bière lyonnaise, pouvant accueillir plus de 400 personnes dès 1876. La brasserie Dupuis fait partie des nombreux établissements ouverts par la famille du brasseur alsacien Georges Hoffherr. En 1912, une salle de spectacle vient jouxter le lieu. Jusqu'en 1914, la brasserie et le Printania-Concert ne désemplissent pas, profitant de l'engouement populaire pour les cafés-concerts.

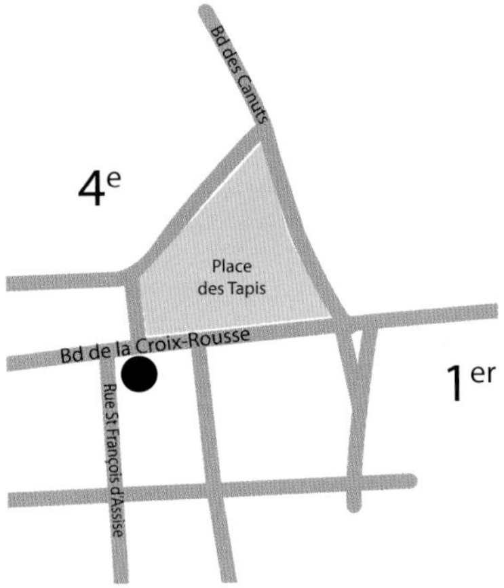

La résistance… jusqu'en 1985

La première guerre mondiale porte un coup fatal à l'activité de la brasserie. Réquisitionnée comme centre de rééducation pour les soldats blessés, elle ne rouvrira pas. Elle est convertie en cinéma, à une époque où les salles se multiplient dans le quartier. En 1920, on en compte trois sur la seule place de la Croix-Rousse ! Le mythique Chanteclair commence sa carrière avec une capacité d'un millier de places. En 1977, un nouveau réaménagement aboutit à la création de trois autres salles : deux de 320 places et une de 79 places. Durant tout ce temps, les spectateurs peuvent traverser le boulevard pour aller se désaltérer à la brasserie de l'Entracte, devenu le café Chantecler en 1994. Lorsqu'il ferme en 1985, le Chanteclair est l'avant-dernier cinéma de la Croix-Rousse. Un an plus tard, tout est démoli pour laisser place à une maison de retraite et divers commerces.

Cinéma Chanteclair, 1973. Collection personnelle Bruno Thévenon.

Cinéma de quartier : *un seul survivant*

Au numéro 77 de la Grande rue de la Croix-Rousse, le CiFa Saint-Denis tient bon, dans la droite ligne des cinémas familiaux à l'ancienne. Ouvert en 1920, rénové en 2000 et tenu par des bénévoles, il fonctionne toujours avec une caisse extérieure, un balcon, la projection d'un court-métrage avant celle du film et un entracte au cours duquel passe le fameux panier en osier rempli de sucreries.

La colline qui aimait les Ficelles

En 1862, la Croix-Rousse inaugure le premier funiculaire urbain de passagers au monde. La Ficelle relie la rue Terme au boulevard de la Croix-Rousse, offrant un accès direct à la gare de chemin de fer de la Croix-Rousse et à sa célèbre « Galoche ». Vingt ans plus tard, la prospérité de l'affaire amène à envisager une seconde ligne entre les pentes côté Rhône et le plateau, au grand dam de la compagnie exploitant la Ficelle de la rue Terme qui tente de faire échouer le projet. Le percement du tunnel, qui démarre en 1889, fait parler de lui. Les habitants se plaignent rapidement de lézardes sur les murs de certains immeubles montée Saint-Sébastien. Le même mal atteint l'église Saint-Bernard et l'hôpital militaire Villemanzy. Le constructeur en sera pour ses frais. Les coups de pioche permettent en outre de mettre au jour le fameux Gros Caillou, qui sera exposé à l'extrémité est du boulevard de la Croix-Rousse. La ligne ouvre en avril 1891.

L'ancêtre du métro C

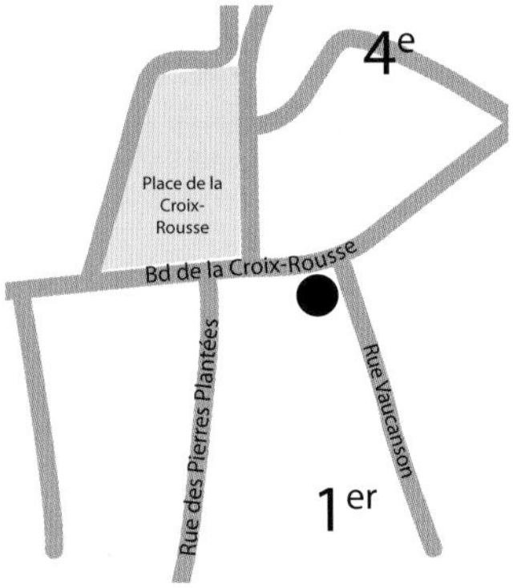

Les voyageurs embarquent place Croix-Paquet, sur l'emplacement de l'actuelle station de métro. Pour 1 sou seulement, contre 2 chez les concurrents de la rue Terme, ils embarquent jusqu'à la gare haute située à l'angle du boulevard de la Croix-Rousse et de la rue Vaucanson. Là, ils bénéficient d'une correspondance avec le tramway de Caluire. En 1908, la *« Ficelle à 1 sou »* troque sa machinerie à vapeur contre un moteur électrique. En 1914, elle est rachetée par la Compagnie des omnibus et tramways de Lyon (OTL) – futur réseau des Transports en commun lyonnais (TCL) – qui l'intègre dans son réseau. En 1972, elle est remplacée par une ligne à crémaillère et prolongée aux deux extrémités. Le métro C était né. La belle gare haute, avec sa charpente métallique et sa marquise au-dessus des voies, a été remplacée par une station souterraine.

gare haute de la Ficelle
oix-Paquet - Croix-Rousse (ligne C),
début du XXe siècle, cliché Jules Sylvestre. P0546_SA 6/18, BM Lyon.

La « *Ficelle à 1 sou* » :
première et seconde classes

En réalité, le tarif de 1 sou qui a donné son surnom à la ligne ouvrait droit à la première classe : banquettes rembourrées et rideaux aux fenêtres. En seconde classe, on voyageait debout, mais pour seulement 5 centimes.

Le Gros Caillou, symbole d'un boulevard qui ne sépare plus

Bien que rattachée à Lyon en 1852, la Croix-Rousse reste, dans un premier temps, coupée en deux parties situées de part et d'autre des fortifications : les pentes d'une part, urbanisées très tôt et rattachées à la ville de Lyon dès le XVe siècle, et le plateau d'autre part, faubourg retranché derrière la haute muraille. En 1865, Napoléon ordonne la démolition du mur qui n'a plus lieu d'être et son remplacement par un boulevard de 40 mètres de large. Le dénommé boulevard de la Croix-Rousse ne fait finalement « que » 36 mètres de large, bordé de chaque côté d'une promenade plantée d'arbres. Des immeubles de quatre ou cinq étages sont vite construits et habités. Le marché de la Croix-Rousse s'installe aussitôt, pour ne plus jamais en partir.

L'esplanade de la réunification

L'extrémité est du boulevard se termine par un coteau plongeant vers le Rhône. De là, on embrasse l'une des plus belles vues sur Lyon et la chaîne des Alpes. A partir de 1892, le quartier prend le nom du « Gros Caillou » qu'on vient d'extraire du cœur de la colline alors qu'il bloquait le percement du tunnel de la Ficelle. On l'expose tout au bout du boulevard, à cheval entre le 1er et le 4e arrondissement. Tout un symbole. Celui du rattachement de la Croix-Rousse à Lyon et de la persévérance des Lyonnais face aux obstacles. En 2008, à l'occasion de la création du parking souterrain du Gros Caillou, le quartier se pare d'une esplanade réunissant les deux arrondissements. Le vénérable bloc de moraine est descendu du piédestal où il était installé depuis plus de cent dix ans, pour être déplacé de quelques mètres et se retrouver entièrement dans le 1er arrondissement. Certains Croix-Roussiens ne s'en remettent toujours pas.

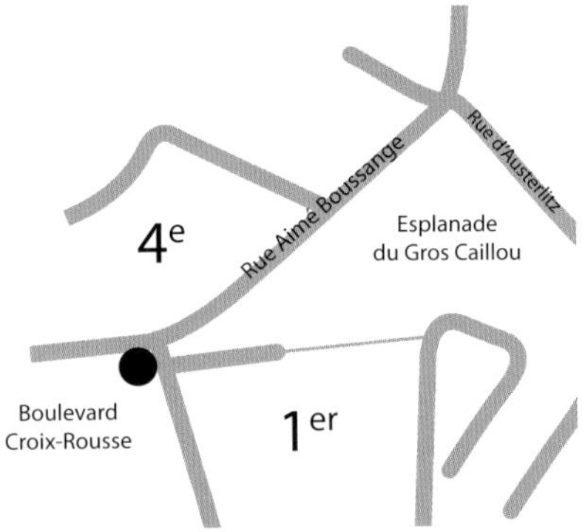

La fin du boulevard de la Croix-Rousse, vers le « Gros Caillou », au début du XIXe siècle, cliché Jules Sylvestre. P0546_SA 6/8, BM Lyon.

Un tramway nommé *6, 13 ou 33*

Les tramways du début du XXe siècle ont disparu de la circulation, tous remplacés dans les années 1940 par des trolleybus et des bus. Mais les lignes 6, 13 et 33 qui desservaient l'arrêt situé devant l'arrivée de la Ficelle existent toujours, même si elles s'arrêtent désormais quelques mètres en amont. Le mont Blanc, lui, est toujours à sa place les jours de beau temps.

Grande-Côte : l'ancestrale montée
qui n'a plus toute sa tête

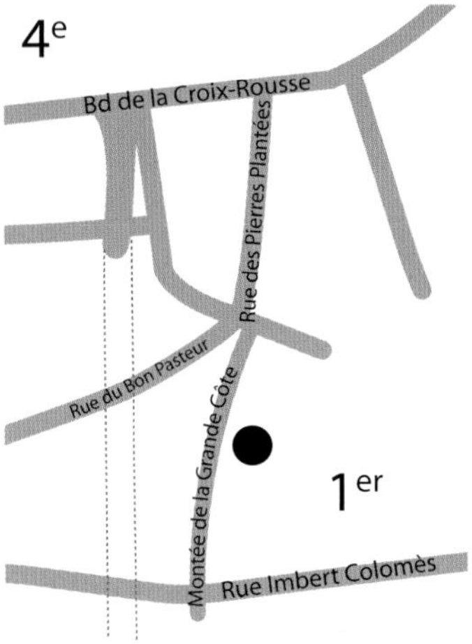

Comme son nom l'indique, la montée de la Grande-Côte demande quelque effort au mollet. Mais malgré sa très forte pente et les ennuis qui en découlent lors des gelées hivernales, elle constitue pendant longtemps le seul grand axe permettant de rejoindre la Dombes, la Bresse, l'Alsace et la Suisse. Sur le plateau, elle se prolonge par la Grande rue du Faubourg. Lorsque les fortifications de la Croix-Rousse sont construites au XVIe siècle, elle est la seule voie d'accès au plateau à travers la porte Saint-Sébastien. Très fréquentée à cette époque, la montée s'urbanise rapidement alors que la campagne et les vignes dominent sur le reste des pentes. Petits commerçants et artisans, venus profiter du passage, sont les premiers à s'installer. Lorsqu'ils émigrent pour le faubourg et sa fiscalité avantageuse, ils sont vite remplacés par les ouvriers de la soie. En 1780, la Grande-Côte regroupe près d'un quart des tisseurs lyonnais.

Mélange des genres

Sur sa partie basse, la montée a gardé un certain esprit d'époque. On y trouve de beaux immeubles avec fenêtres à meneaux et boutiques au rez-de-chaussée. On y traboule encore à différents endroits. En 1975, coup de tonnerre : toutes les maisons du haut de la rue sont démolies. Elles sont remplacées par un jardin en escalier, surmonté d'une esplanade offrant l'une des plus belles vues sur Lyon. De l'habitat social neuf reloge une partie des habitants et l'ensemble est rendu aux piétons. En 1998, ironie de l'histoire, le reste des maisons de la rue est inscrit au Patrimoine mondial par l'Unesco, tout comme l'ensemble des pentes et une grande partie de la Presqu'île.

cerie de madame Veuve Coudeyras, montée de la Grande-Côte, vers 1910. 4FI_4122, AM Lyon.

Coopérative de consommation : *première !*

Au numéro 95 de la montée naît, en 1835, la première coopérative française de consommation, basée sur le regroupement des clients pour acheter en gros. Objectif : améliorer les conditions de vie des ouvriers lyonnais. Le succès est immédiat. Un an après, six autres magasins ouvrent dans la ville. Mais l'initiative ne plaît pas à tout le monde et tous sont contraints de fermer en 1838.

Le Jardin des plantes, la botanique et les Romains

L'actuel Jardin botanique du parc de la Tête-d'Or a un ancêtre : le Jardin des plantes de la Croix-Rousse. Aménagé en 1796 sur l'ancien clos de l'abbaye de la Déserte des Bénédictines, il sert d'abord à faire connaître les plantes médicinales, alimentaires et surtout industrielles qui servent à élaborer les teintures. Avant de devenir public vers 1820, il s'adresse donc aux étudiants et aux scientifiques, et compte bientôt 4000 espèces de plantes vivantes. Il est également très fréquenté par les dessinateurs en soie qui y trouvent l'inspiration pour créer les motifs servant ensuite de modèles aux canuts. Mais sa surface, limitée, ne fait que diminuer parallèlement à l'urbanisation des pentes. En 1857, toutes les collections végétales sont transférées dans le nouveau parc de la Tête-d'Or.

L'amphithéâtre des Trois Gaules : enfin !

On connaissait son existence, on le recherchait depuis des siècles, mais on ne le déterre avec certitude qu'en 1958 grâce à l'archéologue Amable Audin. Le fameux amphithéâtre gallo-romain des Trois Gaules se cachait donc sur les pentes de la Croix-Rousse. Edifié en 19 apr. J.-C., il appartient au sanctuaire fédéral des Trois Gaules et accueille tous les ans les représentants des 60 nations gauloises. Agrandi par l'empereur Hadrien au début du IIe siècle, il devient le plus grand amphithéâtre de Gaule avec plus de 20000 places. On s'y presse pour assister au supplice de Blandine et de ses compagnons chrétiens en 177. Le site n'est plus fréquenté à partir de la fin du IIIe siècle et l'histoire se charge bientôt de le faire disparaître. Les fouilles qui se poursuivent jusqu'en 1978 permettent de mettre en évidence un quart de l'édifice, un morceau de l'arène et quelques gradins.

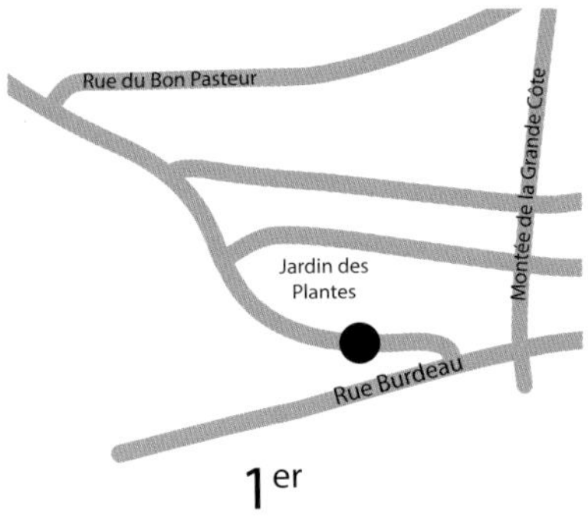

Vers 1915. 4FI_1737, AM Lyon.

Bon Pasteur, l'église sans fidèle
et sans perron

La rue Neyret accueille un étrange édifice : une église désaffectée dont la porte d'entrée, inaccessible, culmine à 3 mètres du sol. Lorsqu'elle ouvre en 1879, l'escalier n'est pas encore construit car il nécessite la démolition de la caserne située en face. Le terrain ne sera jamais cédé à l'église. En 1989, elle est fermée au culte. Jusqu'en 2007, elle sert d'atelier artistique aux étudiants des beaux-arts voisins.

Sous la Croix-Rousse, le tunnel

Gigantesque chantier entrepris en 1939, le tunnel de la Croix-Rousse n'ouvre au public qu'en 1952. Entre-temps, la guerre interrompt les travaux à plusieurs reprises et le tube sert d'abri pendant les bombardements. Treize ans après le premier coup de pioche et la mobilisation de centaines d'ouvriers venant de toute l'Europe, le tunnel de la Croix-Rousse permet de relier les quais de Saône et du Rhône en quelques minutes. C'est une étape clef du plan d'aménagement routier de l'agglomération visant à faciliter la circulation automobile sur l'axe est-ouest, éviter les continuels embouteillages en centre-ville et compléter l'axe nord-sud. Creusé à 80 mètres de profondeur sous le boulevard de la Croix-Rousse, il est conçu pour absorber un débit de 4 000 véhicules par heure. Cinquante ans après, il en accueille 47 000 par jour.

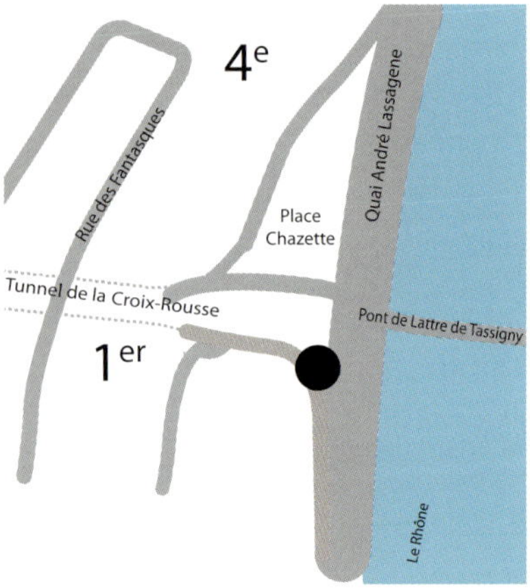

Un nouveau tube dédié aux transports doux

Suite à l'incendie du tunnel du Mont-Blanc en 1999, de nouvelles normes de sécurité entrent en vigueur. Outre la nécessaire rénovation du tunnel et de ses quatre voies de circulation, il devient urgent de créer un dispositif d'évacuation des usagers en cas d'incendie. Pendant une dizaine d'années, le tunnel est régulièrement fermé pour entretien. Mais les véritables travaux commencent en 2009, après la décision de créer un deuxième tube réservé aux transports en commun, aux piétons et aux vélos. Après la fermeture de la galerie principale pendant neuf mois pour la finalisation de sa réhabilitation et la rénovation de la ventilation, l'ensemble du dispositif devrait être accessible courant 2014. A l'entrée du tunnel, la petite place Chazette vit la deuxième grande restructuration de son histoire.

Construction du tunnel de la Croix-Rousse.
Fonds Jules Sylvestre, vers 1950. P0546_S 1420, BM Lyon.

Pendant les travaux de réalisation du second tube, en 2013.

L'énigme *des arêtes de poisson*

En 1930 puis 1963, deux affaissements de terrain mettent au jour un mystérieux réseau de galeries souterraines sous le plateau de la Croix-Rousse, se terminant place Chazette au bord du Rhône. Leur disposition en « arêtes de poisson » réparties autour d'une galerie centrale reste inexpliquée et leur origine fait débat. Sont-elles le seul souvenir de la citadelle royale construite au XVIe siècle pour surveiller les Lyonnais depuis le plateau, voie secrète d'acheminement des armes et des vivres ? Sont-elles bien plus anciennes ? Cachaient-elles le fameux trésor des Templiers ? Quatre d'entre elles ont été détruites pour percer le second tube du tunnel. Le reste constitue un trésor encore méconnu du patrimoine lyonnais.

La seconde vie du passage Thiaffait

Passe-murailles, les Lyonnais ? Assurément, mais ils sont un peu aidés. La ville regorge de traboules permettant aux piétons de passer d'une rue à l'autre en empruntant les allées et les cours intérieures des immeubles. Ni vu ni connu. Une habitude bien lyonnaise qui ne date pas d'hier, puisque les traboules du Vieux Lyon remontent à la Renaissance. Sur la Croix-Rousse, elles naissent avec les immeubles canuts, au XIXe siècle. Le passage Thiaffait est l'une d'elles. Edifié en 1827, il fait partie intégrante de l'ensemble d'immeubles qu'il traverse. Les deux photos montrent le porche marquant l'entrée de la traboule à quarante ans d'intervalle. Au fond de la cour, on aperçoit l'escalier à double volée menant à la rue Burdeau.

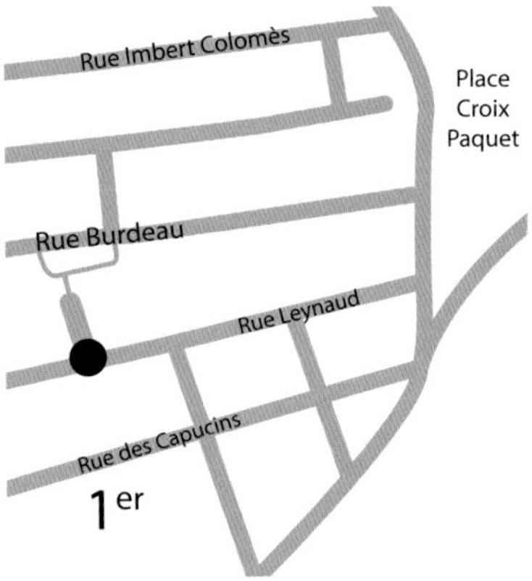

Trabouler sans se mouiller

Les nombreuses traboules qui sillonnent la colline sont très fréquentées. On y croise les tisseurs, rouleaux de soie sur l'épaule, qui descendent leur production aux soyeux à l'abri des intempéries. Elles sont également un haut lieu de la résistance populaire et permettent aux canuts en révolte et aux résistants lors de la seconde guerre mondiale de semer leurs adversaires.

A la fin des années 1970, le passage Thiaffait est passablement délabré, à l'instar de tout le quartier dont la mauvaise réputation fait fuir locataires et propriétaires. Le passage fait l'objet d'une vaste opération de réhabilitation de 1998 à 2000. *Exit* les squatteurs qui y avaient trouvé refuge. Tous les logements sont rénovés, parallèlement à l'allée centrale qui accueille désormais de jeunes entreprises lyonnaises de création sous l'appellation Le Village des Créateurs.

Traboules *et digicodes*

Toutes les traboules ne sont plus accessibles au public. La réhabilitation des immeubles se solde souvent par l'installation d'une fermeture électronique garantissant la sécurité et la tranquillité des habitants. Mais certains propriétaires ont signé des conventions avec la Ville les engageant à ouvrir aux passants ces fascinants passages privés à certaines heures ou occasions.

Cliché J. Gastineau, vers 1980 ? 5PH 4405, AM Lyon.

Les vrais-faux Lyonnais font le mur

A Lyon, les fresques murales en trompe-l'œil sont une spécialité. Ces murs peints, miroirs des habitants et du patrimoine, forment aujourd'hui une immense galerie à ciel ouvert qui leur vaut une reconnaissance internationale. A l'angle du quai Saint-Antoine et de la rue de la Martinière, dans le 1er arrondissement, la fresque des Lyonnais habille, depuis 1995, un flanc auparavant aveugle. On y découvre trente visages, trente noms d'hommes et de femmes qui ont traversé l'histoire de Lyon en lui laissant leur empreinte. L'œuvre a été commandée par la ville de Lyon à CitéCréation. Le collectif d'artistes oullinois, maître du genre, avait réalisé quelques années auparavant une fresque de trente Catalans célèbres à Barcelone.

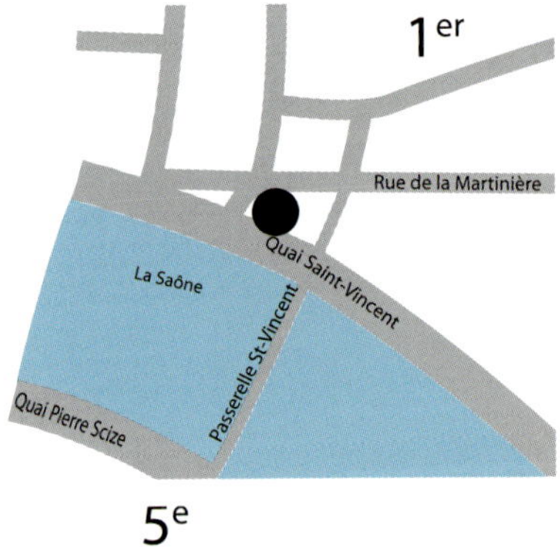

Deux mille ans d'histoires à la verticale

Plus on grimpe dans les étages de cet immeuble typique avec son escalier à vis et ses fenêtres sans volet, plus on remonte le temps. Les personnalités apparaissent à la fenêtre ou sortent d'une boutique de lyonnaiseries, elle aussi peinte en trompe-l'œil. De l'empereur romain Claude à l'entraîneur de foot Bernard Lacombe, en passant par saint Irénée, sainte Blandine, la poétesse Louise Labé, la belle Juliette Récamier, le savant André-Marie Ampère, le pilote inventeur et écrivain Antoine de Saint-Exupéry, le chimiste Marcel Mérieux, l'homme politique Edouard Herriot, l'urbaniste Tony Garnier, les frères Lumière, le cinéaste Bertrand Tavernier, le chef étoilé Paul Bocuse, l'animateur Bernard Pivot ou l'abbé Pierre. Tous portent en eux un morceau de l'histoire de Lyon.

« Les murs, c'est la peau des habitants »

Depuis 1978, les peintres muralistes du collectif CitéCréation installé à Oullins n'ont pas chômé. Leur credo : faire parler les murs, les rendre vivants et les embellir en leur donnant une identité culturelle et historique forte. Ces nouveaux lieux-paysages, éphémères et fragiles, constituent à Lyon un parcours d'une quinzaine d'étapes à découvrir en levant le nez.

La Fresque des Lyonnais, *sise angle rue de La Martinière et quai Saint-Vincent. Lyon 1er. 800 m². Peinture murale conçue et réalisée par © Cité Création www. citecreation.fr. © crédit photo : Eric Bernath et Michel Djaoui.*

Cliché Jacques Gastineau, avant 1995. 5PH 30257, AM Lyon.

La Martinière : le travail après la prière

A partir du XIXe siècle, on a souvent opposé la colline *« qui prie »* (Fourvière) à celle *« qui travaille »* (la Croix-Rousse). Mais jusqu'à la Révolution, la seconde n'est pas moins pieuse que la première. Une quinzaine de communautés religieuses se partagent quasiment toutes les pentes. Au sud, les Augustins, les Dames de la Déserte et les Grands Carmes occupent le futur quartier de la Martinière. Le démantèlement du couvent des Grands Carmes permet la création de la rue de la Paix à la fin du XIXe siècle. Mais ce n'est qu'au début du XXe siècle, dans le cadre de la rénovation du quartier, que la rue de La Martinière apparaît. Sur la photo en noir et blanc, on assiste à la démolition d'un immeuble situé sur l'emplacement de l'ancien cloître du couvent afin de réaliser la jonction avec la rue Terme. Nous sommes en 1934. Soixante ans plus tard, l'îlot de maisons anciennes à droite sur la photo est détruit à son tour et la rue de la Paix se transforme en place. On dégage à cette occasion un pilier en pierre, ultime vestige visible du couvent.

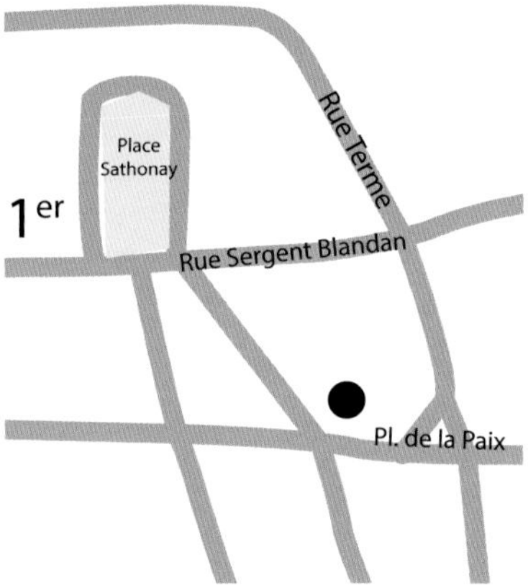

Le savoir et l'Art nouveau

Inaugurée en 1907 sur la toute nouvelle rue de la Martinière, l'école de filles du même nom est un bel exemple de l'Art nouveau à Lyon. Œuvre des architectes Clermont et Riboud, qui ont insufflé cet esprit à tout le quartier, elle déploie deux ailes élégantes ouvertes en trapèze devant un portail en fer forgé et aux lignes courbes. L'ensemble fait la part belle aux poutrelles métalliques, mosaïques, ornements floraux et végétaux, typiques de l'architecture 1900. C'est en réalité le second établissement d'enseignement du quartier, qui fait suite à l'important legs de Claude Martin pour la création d'une école s'adressant aux deux sexes. Les garçons furent, dès 1833, les premiers servis.

L'école de La Martinière des jeunes filles (F. Clermont et E. Riboud architectes ; 1905-1910), 1934. 3PH 00239, AM Lyon.

Claude Martin, *père de La Martinière*

Mort en 1800 en Inde, sans enfant, le Lyonnais Claude Martin lègue une partie de sa fortune à sa ville natale. Il y met une condition : que l'argent serve à fonder une école pour l'instruction des filles et des garçons, qui portera le nom de La Martinière. La pédagogie est novatrice, axée autour des arts appliqués et des techniques industrielles. L'école est intégrée à l'Education nationale en 1926. Parmi les anciens élèves, on compte Tony Garnier et les frères Lumière.

Saint-Clair, l'eau et le grain à moudre

Si le cours d'Herbouville n'est pas un quai, dit-on, c'est parce qu'à cet endroit le Rhône tumultueux s'en donnait à cœur joie : impossible d'y faire accoster un bateau. Une chance, en revanche, pour les meuniers qui y installent très tôt d'imposants moulins flottants afin de moudre le grain et produire la farine à moindres frais. Le Rhône en compte déjà une trentaine au milieu du XVe siècle. Plus tard, ils se concentrent en amont du pont Morand, le long du quai Saint-Clair. Ils peuvent se déplacer pour choisir le meilleur courant, en fonction des caprices du fleuve et du niveau des eaux. Mais ce dernier leur mène la vie dure, et les accidents ne sont pas rares. En 1854, en pleine crue, un des moulins brise ses amarres et vient s'écraser contre l'élégant pont Saint-Clair, quelques années seulement après son inauguration. Le tout jeune pont ne résiste pas. L'énorme masse des débris vient se jeter sur le pont Morand qui, fort heureusement, tient bon.

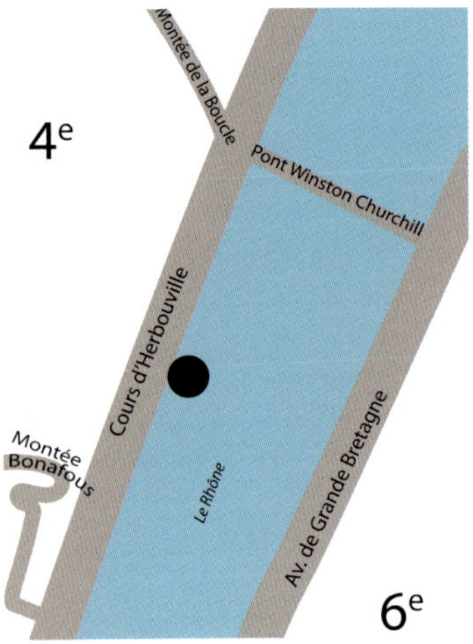

Fin de partie pour les moulins

Les encombrants moulins à nef n'ont pas que des amis, d'autant plus qu'ils gênent la navigation à vapeur apparue récemment. Dès 1835, les Ponts et Chaussées interdisent la réparation de ceux qui sont en mauvais état. Leurs jours sont comptés, encore raccourcis par l'arrivée du gaz, de la vapeur et de l'électricité qui prendront bientôt la relève au sein des minoteries modernes. Celui que nous voyons sur la photo ancienne est probablement le dernier, en pleine décrépitude à l'aube du XXe siècle.

Vue du bateau-moulin sur le Rhône, quai Saint-Clair (1890-1906), cliché Jules Sylvestre. P0546_S 2312, BM Lyon.

Les risques *du terrain*

A cet endroit, le flanc particulièrement escarpé de la Croix-Rousse a été plus d'une fois le théâtre d'effondrements meurtriers, comme celui du 8 mai 1932. En cause, notamment : le mauvais drainage des eaux de pluie qui s'infiltrent dans la colline. Hormis les immeubles qui barrent désormais le haut du coteau, ce dernier n'a pas vraiment bougé depuis plus d'un siècle. Il est aujourd'hui classé secteur préservé, en majorité inconstructible.

Place Tolozan, c'est la foire

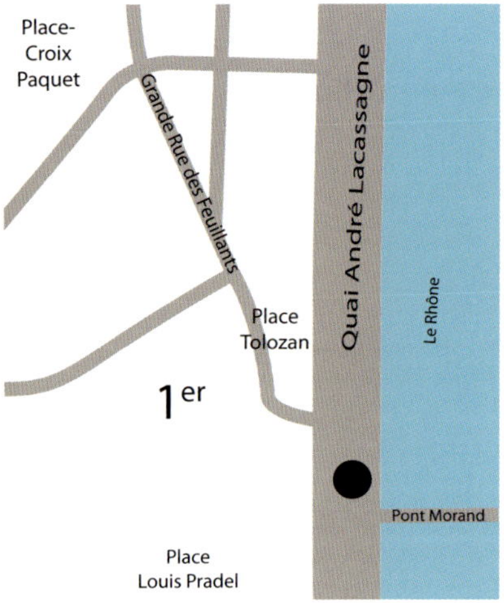

Tous les ans depuis presque un siècle, l'arrivée du mois de mars sonne celle de la traditionnelle foire de Lyon. Laquelle n'a pas toujours été exilée à Eurexpo (Chassieu). Avant la construction du Palais de la Foire longeant le parc de la Tête-d'Or, la foire de Lyon vit ses premières heures en 1916 dans des constructions en bois édifiées sur les grandes places et les quais du Rhône. C'est la *« foire d'échantillons »*, qui renoue avec l'ancestrale tradition des foires marchandes des XVe et XVIe siècles. En plein conflit mondial, l'objectif est de concurrencer la foire de Leipzig, pilier de la propagande allemande. Le jeune maire Edouard Herriot soutient pleinement l'initiative, en y voyant le moyen de *« faire le maximum d'affaires sur le minimum d'espace, dans le minimum de temps et avec le minimum de frais »*.

Sur la chaussée... et en dessous : place à l'automobile

Pour cette première édition, la foire investit le quai de Retz (futur quai Jean Moulin) juste en face de la place Tolozan. A l'époque, cette dernière n'est pas encore ouverte sur la place Louis Pradel. Seule la rue Puits Gaillot mène à la place de la Comédie. Depuis la fin des années 1970, la place a perdu de sa superbe, grignotée par l'axe nord-sud et remodelée lors de la construction du métro. Deux parkings ont également élu domicile sur et sous la place. On aperçoit l'entrée du parc de stationnement souterrain Opéra. Repère immuable entre les âges : la belle maison Tolozan, au numéro 19. On y traboule jusqu'au 8 Petite rue des Feuillants… et même quasiment jusqu'au plateau, pour peu que l'on connaisse les bonnes adresses.

Foire de Lyon : visiteurs devant les stands du quai Saint-Clair (1916-1918), cliché Jules Sylvestre. P0546_SA 14/26, BM Lyon.

Un métro *dans le tablier*

Ouverte en 1978, la ligne A du métro lyonnais débouche ici au niveau du sol, sous la place Louis Pradel voisine. Elle traverse ensuite le Rhône dans l'épaisseur du nouveau pont Morand, construit pour l'occasion. Le débouché de l'ouvrage est visible sur la photo récente, car situé un peu plus en amont que le précédent. L'ancien pont Morand, en fer et marbre poli, a cédé la place au progrès.

Place des Terreaux, l'incontournable

Pourquoi « Terreaux » ? Parce que « Fossés », son équivalent en langage populaire. Jusqu'au XVIe siècle, l'endroit est traversé par un système de murailles et de fossés pouvant se remplir d'eau en cas d'alerte, fermant la ville au nord. Après le déplacement des fortifications sur la Croix-Rousse, le terrain est remblayé et devient une place publique. On y vient pour le marché aux cochons et les exécutions capitales. Bûcher, roue, échafaud… tout y passe. La présence de l'hôtel de ville, construit entre 1645 et 1651, accentue le rôle central de la place dans la vie lyonnaise. Les manifestations y convergent volontiers. On s'y masse également lors des apparitions publiques depuis le fameux balcon de l'hôtel de ville, d'où sont d'ailleurs pris les deux clichés. De Gaulle y déclare en 1944 : « *Lyon est la capitale de la Résistance.* » Le premier café apparaît au XVIIIe siècle ; ses nombreux descendants sont toujours autant fréquentés.

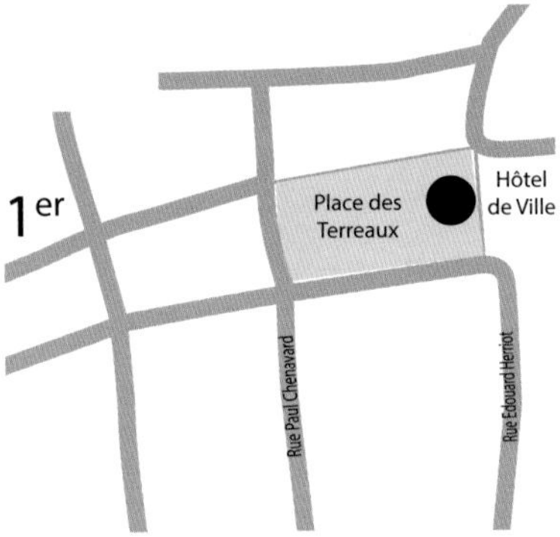

L'épopée aquatique

D'une photo à l'autre, les autobus ont remplacé les fiacres et c'est dans la fontaine que nous retrouvons les chevaux, sculptés de main de maître. Créée par Bartholdi pour la ville de Bordeaux, la magistrale fontaine symbolise la Garonne et ses quatre affluents. Mais le projet capote et c'est finalement Lyon qui achète l'œuvre, inaugurée en 1891. Un siècle plus tard, elle est déplacée au nord de la place et s'inscrit dans le nouveau paysage urbain créé par Drevet et Buren : 69 mini-fontaines disséminées sur un vaste damier noir et blanc. Aujourd'hui, l'eau ne jaillit plus que rarement du sol ou des naseaux chevalins. La fontaine, très délabrée, menace de s'effondrer, les dalles s'affaissent. Bref, une nouvelle rénovation est d'actualité.

Grands travaux d'urbanisme du Second Empire : élargissement du débouché de la rue Saint-Pierre. Cliché Louis Froissart, vers 1856. P0546_S 194, BM Lyon.

Le passage *où l'on ne passe pas*

Sur la photo du milieu du XIXe siècle, les rues Constantine et d'Algérie ne sont pas encore aménagées. Peu après, le grand pâté d'immeubles bordant la place entre ces deux rues est détruit et reconstruit. Il abrite un beau passage reliant la rue Lanterne. Mais la vocation commerciale du lieu est vite un fiasco et rares sont ceux qui l'ont réellement traversé. Fermé la plupart du temps, il appartient encore en partie aux immeubles qui l'entourent.

Du Grand Théâtre au « Nouvel » Opéra

Après avoir été un temps sans domicile fixe, l'opéra de Lyon trouve théâtre à son pied en 1756. Construit par l'architecte des Lumières, Soufflot, l'édifice s'élève sur l'emplacement du jardin situé derrière l'hôtel de ville. Les Lyonnais découvrent leur premier théâtre en dur, avec balcons assis à l'italienne et parterre debout. Mal entretenu, il se délabre. Alors que les débats passionnés divisent l'opinion, il est finalement rasé pour être remplacé en 1831 par un nouveau Grand Théâtre, œuvre des Lyonnais Chenavard et Pollet. Le bâtiment de style néoclassique est bordé au nord par la rue Puits Gaillot qui ne subit pas encore la concurrence de la place Louis Pradel et se prolonge jusqu'aux quais du Rhône. Mais l'argent manque pour les finitions. Il faut attendre 1862 pour que les lanternes soient installées sous les arcades et pour que les huit statues de muses trouvent enfin leur place sur l'attique surmontant la façade.

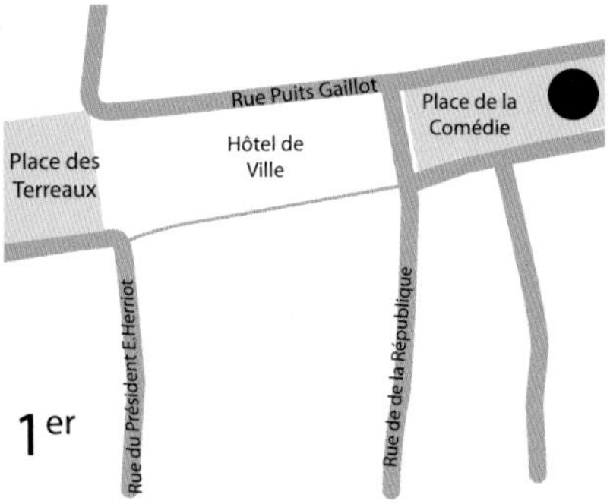

L'opéra nouvelle génération

Dans les années 1980, branle-bas de combat. La Ville lance un concours pour la rénovation de son opéra. Le projet retenu est celui de Jean Nouvel, qui ne conserve au final que les quatre murs de façade et le foyer du public. Sous l'enveloppe XIXe siècle intacte, le nouveau bâtiment est résolument contemporain. Tout ou presque y est noir, des parquets aux balcons. Le volume global a été multiplié par trois. Cinq étages sont creusés en sous-sol. Six autres s'inscrivent sous le dôme de verre qui couronne désormais l'opéra et qui s'embrase la nuit en fonction de l'activité. Très décriée lors de son inauguration en 1993, l'œuvre semble avoir depuis apprivoisé le ciel lyonnais, attirant aussi bien les danseurs de ballet sous sa coupole que les danseurs de rue sur son parvis.

Grand Théâtre, rue Puits Gaillot, vers 1910. 4FI_8974, AM Lyon.

Les huit muses
qui ne seront jamais neuf

Pourquoi l'opéra n'est-il orné que de huit muses, alors que la mythologie grecque en compte neuf, filles de Zeus et symboles de l'inspiration artistique ? On raconte qu'il s'agit d'un oubli de Chenavard lors de la construction du bâtiment. Plus vraisemblablement, l'architecte n'ayant besoin que de huit statues pour décorer les sept fenêtres de la façade aurait éliminé celle qui était le moins en rapport avec le théâtre et la musique. A savoir : Uranie, muse de l'Astronomie.

La Feuillée et la mouche

Il sonne de façon plutôt bucolique. Pourtant, le pont de la Feuillée doit son nom à l'existence plus triviale d'une pissotière voisine. Ces lieux d'aisances rudimentaires, situés généralement dans un recoin ombragé, portent alors le nom de *« feuillées »*. C'est en 1831 que les Lyonnais empruntent pour la première fois un pont suspendu leur permettant de franchir la Saône pour relier, en quelques pas, le quartier de Saint-Paul à celui des Terreaux. Très endommagé lors de la crue de 1840, il ouvre à nouveau en 1841. Pour gêner au minimum la navigation, les deux piles sont situées très près des rives. Mais les architectes ont sous-évalué la hauteur nécessaire pour le passage des bateaux, ce qui n'est pas sans poser problème. Le pont est démoli en 1910 et remplacé par un ouvrage métallique, qui finira dans l'eau en 1944 sous la dynamite allemande. Son successeur, avec son tablier d'acier, est inauguré en 1949.

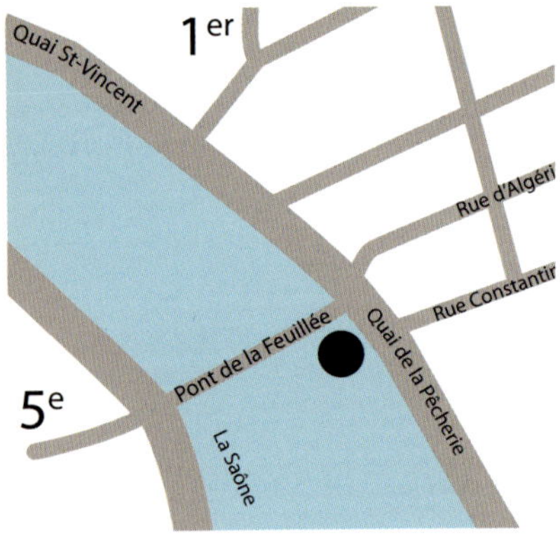

Avant le tram, le bus et le métro : le bateau

Jusqu'au début du XXe siècle, la Saône est sillonnée par de nombreuses embarcations. Le premier service régulier de bateaux à vapeur remonte à 1827, mais c'est en 1862 qu'est créée la Compagnie des bateaux à vapeur omnibus et ses célèbres bateaux-mouches. La ligne dessert une série d'embarcadères depuis la Mulatière jusqu'à Vaise et l'île Barbe, avec un passage toutes les dix minutes aux heures de pointe. Le tarif est unique : 15 centimes, contre 25 pour les omnibus à chevaux. Les bateaux contiennent 150 personnes, sont chauffés l'hiver et on peut même y boire un verre. Rachetée en 1906 par la Compagnie des omnibus et tramways de Lyon (OTL), qui se désintéresse du transport fluvial, la ligne périclite. Le service est supprimé en 1913, concurrencé par la ligne de tramway Pont-Mouton - Ile Barbe.

Ancien pont La Feuillée : embarquement sur le bateau-mouche pour Vaise, Saint-Rambert et l'île Barbe. Cliché Jules Sylvestre, avant 1910. P0546_S 443, BM Lyon.

Mouches, guêpes *et Cie*

Le succès des bateaux-mouches, fabriqués dans les ateliers du quartier de la Mouche à Gerland, est immense. La compagnie transporte jusqu'à 4 millions de passagers en 1871. Bientôt, des insectes concurrents apparaissent : les « guêpes » qui desservent Collonges, ou les « abeilles » qui poussent jusqu'à Châlon. Quasiment cent ans après leur disparition, le « vaporetto » a pris la relève. Depuis avril 2012, il relie le Confluent à Saint-Paul, *via* Bellecour. A suivre…

Je bouchonne, tu bouchonnes, nous mâchonnons

Nappes à petits carreaux rouges et blancs, boiseries, murs chargés de souvenirs, carrelage au sol et saucissons qui pendent au plafond… Au café des Fédérations, rien ou presque n'a changé depuis la grande époque après guerre du « Papa Chauvin ». Ici, point de menu. Le seul exemplaire est affiché à l'extérieur. Bien moins rare est le fameux pot lyonnais à fond épais de 46-centilitres-et-pas-un-de-plus, gardien du précieux Beaujolais. Bienvenue au sein d'une institution : un véritable bouchon, petit restaurant populaire typique qui perpétue, envers et contre tout, une tradition culinaire héritée du XIXe siècle. On y vient manger le *mâchon*, qui désigne à l'origine le casse-croûte des canuts. La majorité d'entre eux se situe sur la Presqu'île, comme ici, rue du Major Martin, à deux pas des Terreaux.

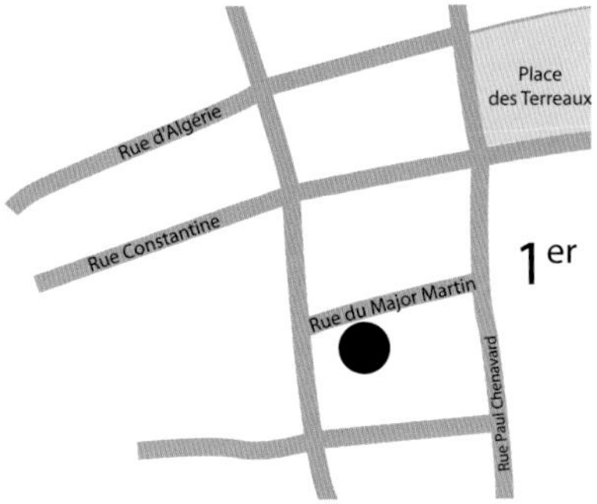

Fines gueules et grandes bouches

La maison, « *fondée depuis bien longtemps* », acquiert sa réputation après guerre sous la houlette du truculent « Père » Chauvin. Edouard Herriot et Louis Pradel y cassent alors la croûte régulièrement. Paul Bocuse également, que l'on voit ici poser dans les années 1950 en compagnie du chef japonais Masakichi Ono, du patron et de sa femme, « la Lisette ». C'est elle qui est en cuisine, perpétuant l'esprit des « Mères » lyonnaises et leurs recettes simples, familiales et subtiles. Grâce à ces cuisinières émancipées, un vent nouveau souffle dès la fin du XIXe siècle sur une gastronomie populaire autrefois réservée aux canuts et aux tablées de famille. Tel est le bouchon : petit en taille mais grand en appétit, mythique et ordinaire, vintage et sans chichi.

Le « Père Chauvin » et la « Lisette » posent devant Les Fédérations, avec Paul Bocuse et Masakichi Ono, dans les années 1950. Collection personnelle Yves Rivoiron.

Grattons, *cervelle et tablier*

Avant d'aller *mâchonner* dans un bouchon, mieux vaut ne pas avoir trop grignoté. Histoire d'en apprécier les saveurs à leur juste valeur : grattons, frisée aux lardons, salade de lentilles ou « caviar de la Croix-Rousse », andouillette, tablier de sapeur (tripes), gâteau de foies de volaille, quenelle de brochet sauce Nantua, cervelle de canut (fromage frais et fort), saint-marcellin, bugnes, tarte aux pralines et autres lyonnaiseries.

La rue de la République,
épine dorsale de la Presqu'île

Plus de 300 maisons démolies et 12 000 personnes forcées de trouver un autre toit : ceci n'est pas le bilan d'une guerre, mais celui de l'ouverture de la rue Impériale entre 1854 et 1859. La photo elle-même porte à confusion, avec ses bâtiments éventrés et ses amoncellements de gravats. L'immense chantier est lancé à l'initiative du préfet Vaïsse, envoyé à Lyon par l'empereur Napoléon III afin d'aérer, d'assainir, d'embellir et de rendre *« gouvernable »* la cité. Comprendre : donner les moyens à l'autorité de réprimer les manifestations. Vaïsse s'emploie à redessiner complètement l'espace situé entre les Terreaux et Bellecour, qui n'était jusqu'ici qu'un enchevêtrement de rues exiguës, tortueuses et mal éclairées.

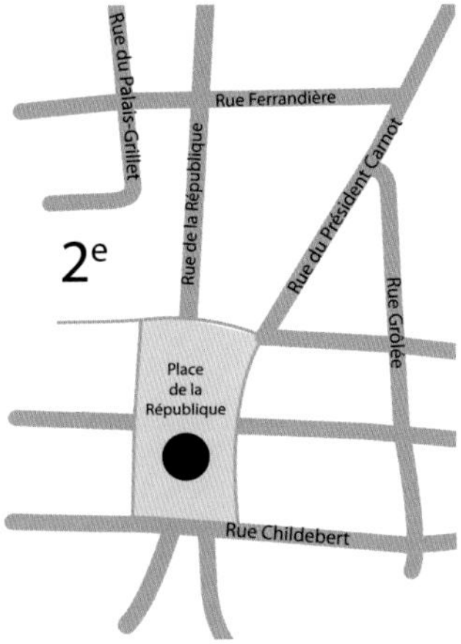

Trouée haussmannienne à la lyonnaise

Première percée spectaculaire : la rue Impériale, 22 mètres de large, 1,5 kilomètre de long, rebaptisée rue de la République en 1878. Les façades mélangent habilement références haussmanniennes et spécificités lyonnaises. A quelques rares exceptions près, tous les immeubles qui la bordent appartiennent toujours à la Société immobilière de la rue Impériale qui les a fait construire. La place de la République, au premier plan, fait l'articulation entre la partie nord et la partie sud de la rue aujourd'hui piétonne. Vite incontournable, la « rue de la Ré » est un centre dans le centre-ville, vitrine de la réussite économique lyonnaise. Aujourd'hui encore, les Lyonnais la *« font »* régulièrement, déambulant en masse au gré des commerces, cafés et autres brasseries. Si bien que certains samedis après-midi, l'air y est probablement aussi rare qu'au début du XIXe siècle…

Grands travaux d'urbanisme du Second Empire : ouverture de la rue Impériale, cliché Louis Froissard, 30 juillet 1856. 0546_S 204, BM Lyon.

Carnot à la République
et la République à Carnot

En 1894, le président Sadi Carnot est tué en pleine rue par un anarchiste italien alors qu'il sortait du palais de la Bourse, situé au niveau des Cordeliers. Une statue lui rendant hommage est installée place de la République. La statue de la République, elle, trône place Carnot depuis son inauguration en 1889… en présence de Carnot !

Saint-Antoine, les pieds dans l'eau

Vivre avec un confluent, c'est vivre avec les inondations. La première dont l'histoire se souvient date de 580. A chaque siècle ses débordements. En mai 1856, la Saône puis le Rhône se déversent sur la Presqu'île et la rive gauche du Rhône. Plus de gaz ni d'eau potable, les ponts sont interdits à la circulation, les quais submergés. Les sans-abri se comptent par milliers. Quelque temps après, on aménage de solides digues qui jouent encore leur rôle aujourd'hui, comme celles de Villeurbanne ou de Vaise. Depuis cette crue « du siècle », le quai Saint-Antoine a les pieds au sec. Il n'en va pas de même pour le parking du même nom construit dans les années 1960 le long d'un mur vertical bordant le cours d'eau, empêchant tout accès piéton à la rive. Une situation appelée à changer. La construction d'un nouveau parking est lancée sous le quai et la place d'Albon, signant la reconquête tant attendue de la berge enfin libérée de son rideau de béton.

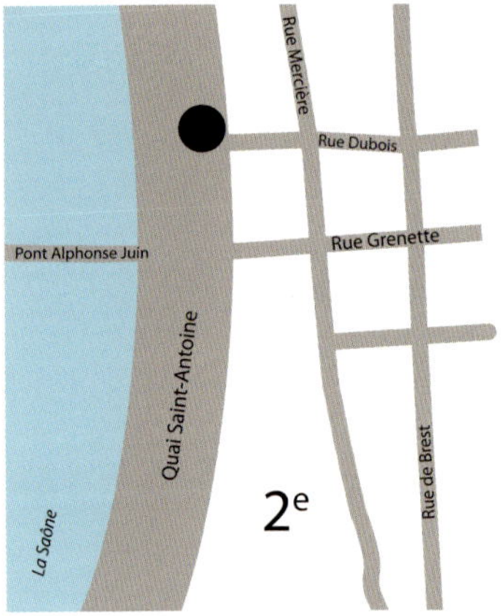

Marché historique de Lyon

Depuis son aménagement au cours du XVIe siècle sur une courbe de la Saône, le quai Saint-Antoine est tout désigné pour accueillir les déchargements des marchandises amenées par bateau. Il prend sa forme actuelle en 1843, dans la continuité du quai de la Pêcherie juste en amont, planté d'arbres. Jusqu'à la construction du marché-gare à Perrache en 1964, le large trottoir alimente la ville et les commerces en légumes. Cette vocation subsiste aujourd'hui à travers le marché de détail qui anime encore les lieux chaque matin. De nombreux restaurateurs y ont leurs habitudes, comme des générations de « Mères lyonnaises » avant eux.

Inondations de Lyon : vue de la montée des eaux sur le quai Saint-Antoine, le quai des Célestins et le quai Tilsitt. Cliché Louis Froissard, 18 mai 1856. P0546_S 196, BM Lyon.

La Double Rampe *sur l'eau*

Retrouver la rivière, être submergé par la sensation de l'eau : c'est l'objectif du projet Rive de Saône. Quinze kilomètres de promenade piétonne seront bientôt aménagés entre la Confluence et Rochetaillée. Accrochée au parking Saint-Antoine, au-dessus de l'eau, la passerelle Double Rampe de l'artiste japonais Tadashi Kawamata sera l'une des pièces maîtresses de la future promenade du défilé de Saône.

Le pont du Change n'est plus

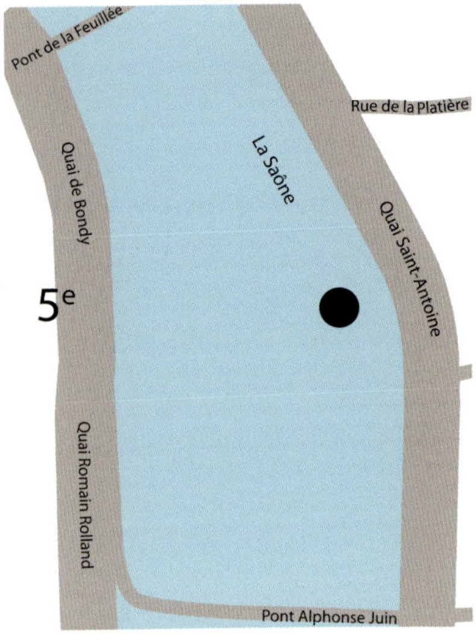

Il n'y eut pas un, mais deux ponts du Change, dont il ne reste rien aujourd'hui. Le premier date du XIe siècle. C'est le plus ancien pont de Lyon dont on se souvienne, avec celui de la Guillotière. Il relie deux quartiers historiques de Lyon : la rue Mercière et l'église Saint-Nizier d'un côté ; la place du Change et le Vieux Lyon de l'autre. Constitué de sept arches de pierre, il supporte des maisons à chacune de ses extrémités. Au début du XIXe siècle, il ne subsiste que celles du côté oriental. Les navires le franchissent côté rive gauche sous la dernière arche, la seule située en eau profonde. Mais le pont gêne de plus en plus la navigation fluviale, désormais à vapeur, et vit ses dernières heures en 1842. Son successeur, le pont de Nemours redevenu pont du Change en 1848, vivra un peu plus d'un siècle avant de succomber lui aussi, remplacé par l'imposant pont Maréchal Juin construit 200 mètres en aval.

La tour Pitrat : tombera, tombera pas ?

En 1827, Horace Pitrat décide… de voir la mer depuis sa propriété en haut des pentes de la Croix-Rousse. Il faut dire qu'il est marseillais d'origine, et riche. Pour cela, il imagine une tour d'une centaine de mètres de haut qui serait à la fois un observatoire et un musée astronomique. Le 27 août 1828, en pleine construction, la tour s'effondre, tuant une fillette qui jouait par là. L'entrepreneur revoit ses exigences à la baisse et une seconde tour Pitrat voit le jour avec quelques mètres de moins. Jusqu'à sa disparition en 1874, on la voit de loin sur la Presqu'île, comme ici depuis le pont du Change.

pont de Pierre avant 1843. Fonds Jules Sylvestre. P0546_S 124, BM Lyon.

L'Arche *merveilleuse*

Son surnom est bien trouvé. Chef-d'œuvre technique, la dernière arche du pont du Change adossée au quai Saint-Antoine est surmontée d'imposantes maisons de trois à quatre étages. On y trouve notamment des orfèvres, mais aussi un café-concert. Sous sa voûte en pierre bouillonne le « rapide de la Mort qui Trompe », qu'empruntent prudemment les embarcations qui n'ont pas vraiment d'autre choix.

Quartier Grôlée, année zéro

Le XXe siècle arrive à grands pas. Nous sommes en plein cœur de la ville, entre les Terreaux et Bellecour. Alors que, aux alentours, les belles avenues tracées au cordeau et les majestueux immeubles ont fleuri un peu partout, le quartier Grôlée baigne encore tout entier dans le jus des siècles précédents. La fièvre urbanistique qui s'est emparée de Lyon sous l'impulsion du préfet Vaïsse n'est pas passée par là. Les rues sont des ruelles sombres et tortueuses, les maisons mal alignées et les odeurs tenaces. Il faut attendre 1888 pour que la municipalité Gailleton se lance dans ce qui sera taxé à l'époque de « *Panama grôléen* » : une opération vécue comme interminable, entachée de nombreux scandales.

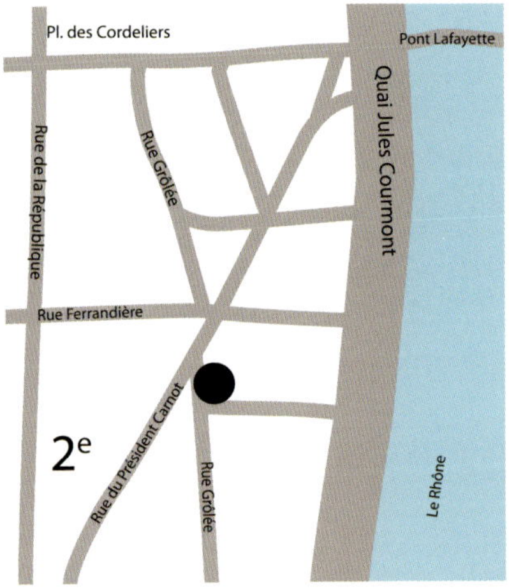

Tabula rasa

En 1890, le quartier est en ruines. Quasiment tous les habitants ont été expulsés. L'église Saint-Bonaventure est libérée des échoppes de savetiers qui s'accrochaient à son flanc et la rue Grôlée est élargie. La rue du Président Carnot est percée en diagonale entre la place de la République et le débouché du pont Lafayette. On rase tout et on reconstruit de grands immeubles le long de larges rues baignées de lumière et d'air sain, selon le souhait hygiéniste de l'époque. Sauf que : l'opération durera quasiment vingt ans, freinée par de nombreux problèmes logistiques, financiers, et par des procès sans fin. L'honorable quartier ne retrouve la paix qu'au cours des années 1900, pour la reperdre un siècle plus tard. En 2004, la Ville vend l'ensemble au céréalier américain Cargill, pour en faire un espace dédié au luxe. Les prix ont flambé mais les enseignes de luxe tardent à s'installer.

Démolition du quartier Grôlée aux Cordeliers. Fonds Jules Sylvestre, vers 1890. P0546_S 2299, BM Lyon.

Privés *de sortie*

En 1890, les rares habitants qui ne sont pas visés par les expropriations ont cependant droit à quelques surprises. Ici, c'est un escalier commun avec un immeuble voué à la démolition qui menace de disparaître. Là, ce sont des entrées communes que l'on a oublié de prendre en compte, empêchant l'accès aux immeubles conservés. Des erreurs qui auront de lourdes conséquences sur les délais et le financement de l'opération.

Le fantôme du Grand Bazar

Le premier grand magasin de Lyon a tiré sa révérence en 2005, après avoir animé pendant plus de cent cinquante ans le cœur de la ville. L'histoire de cette véritable institution du quartier des Cordeliers commence en 1856, lorsque Jean Dabonneau s'inspire de l'ouverture du Bon Marché à Paris pour créer un établissement similaire à Lyon. Ainsi naît A la Ville de Lyon au numéro 31 de la rue Impériale, actuelle rue de la République. L'entrée est libre, les articles variés, le choix vaste, les prix bas et fixes. Le succès est au rendez-vous, bientôt terni par la concurrence d'un magasin voisin situé place de la République, Aux Deux Passages, fondé par Henry Perrot.

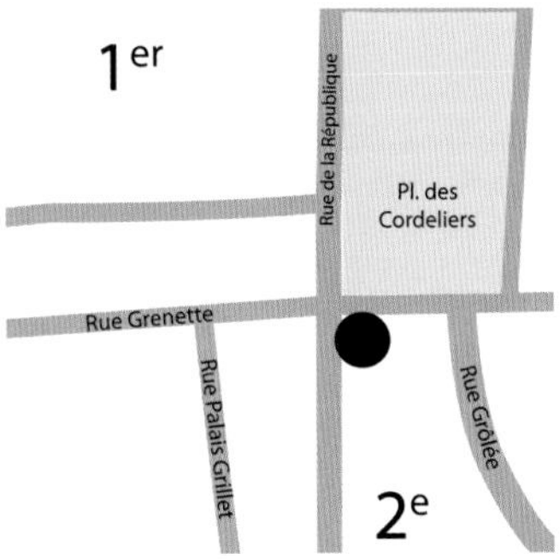

De la pierre au verre

En 1885, Jean Dabonneau est contraint de vendre. L'établissement est repris par Henry Perrot qui conserve la recette d'origine tout en y apportant des nouveautés : le recours systématique à la publicité, une technique de vente poussée avec des vendeurs souriants et discrets, l'étiquetage systématique des prix (supprimant la vente à la criée ou le marchandage) et même plus tard un restaurant, un bar, des spectacles… Les étals s'étendent jusque sur le trottoir extérieur et le Grand Bazar manque rapidement de place. Le magasin principal est agrandi par le sous-sol et surélevé à deux reprises. Victime de la crise mondiale à partir des années 1930, le commerce bat de l'aile jusque dans les années 1950, où il devient Prisunic puis Monoprix. Au début du XXIe siècle, l'édifice a bien vieilli. Un projet de restauration échoue et c'est finalement une démolition pure et simple qui est choisie. Au bâtiment mythique succède une pièce unique, faite de métal et de verre, où cohabitent commerces et bureaux.

Grand Bazar de Lyon, avant 1912. 4FI_1389, AM Lyon.

Le sens *des affaires*

Après avoir inondé la presse lyonnaise de réclames annonçant l'ouverture du Grand Bazar le 28 octobre 1886, les dirigeants continuent régulièrement de créer l'événement, à grand renfort de publicité dans les journaux : agrandissements, nouveautés, camion de livraison à domicile, ou même les soldes avant les soldes avec les fameuses *« ventes de fin de saison »* à prix réduits.

Lafayette, le voilà !

C'est le troisième plus ancien pont sur le Rhône. Tout de bois et de pierre, il se dresse sur le fleuve dès 1828. Le dénommé pont Charles X, puis pont du Concert, ne prend son appellation actuelle qu'en 1830, après avoir été foulé triomphalement par Lafayette. Il résiste aux crues de 1840 et de 1856, mais sa vétusté préoccupe les autorités qui décident de le remplacer en 1890. L'heure est aux grands ponts métalliques construits sur une base en pierre ou en maçonnerie et agrémentés d'une abondante décoration. Le nouveau pont Lafayette est de ceux-là. Il est constitué de trois arches en métal et de deux piles en pierre richement décorées, ornées de quatre grandes statues. L'architecture actuelle est d'origine, hormis l'arche centrale détruite par les Allemands en 1944 et reconstruite à l'identique.

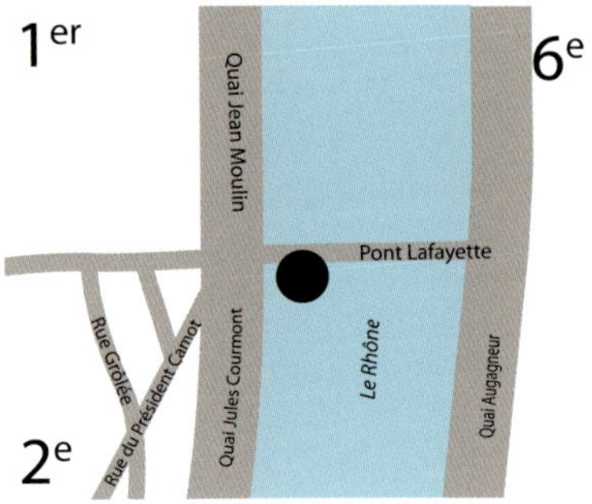

Le Grand Magasin du coin

Entre les deux photos, un raz-de-marée urbanistique a eu lieu sur la rive gauche du Rhône. Le quartier Grôlée, qui borde le quai au sud du pont, est radicalement transformé. Un nouvel îlot d'immeubles apparaît à l'angle du quai Jules Courmont et de la rue Grenette. En 1895, les Grands Magasins des Cordeliers s'y installent au nez et à la barbe du Grand Bazar qui aurait bien aimé s'y étaler. L'endroit se mue en Galeries Lafayette de 1919 à 1975. Il est surélevé de trois étages en 1925, dans le style Art nouveau, reconnaissable de loin grâce à son dôme de verre.

Le pont Lafayette en 1888.
Cliché Jules Sylvestre, P0546_S 438, BM Lyon.

La tour *qui n'est pas Eiffel*

Malgré les apparences, la tour métallique de Fourvière n'a pas été conçue par Gustave Eiffel. Les Lyonnais, un tantinet jaloux du triomphe de la tour parisienne lors de l'Exposition internationale de 1889, décident d'avoir la leur pour l'Exposition universelle de 1894. Son absence saute aux yeux sur la photo ancienne, antérieure à sa construction. Après avoir été un restaurant prisé, elle échappe de peu à la fonte lors de la seconde guerre mondiale et sert désormais d'antenne.

Rue Thomassin : de l'air !

A la fin du XIXᵉ siècle, le quartier Grôlée n'a pas encore subi le gros, long et coûteux lifting qui lui donnera sa physionomie actuelle. Ce vaste quadrilatère bordant le Rhône entre les Cordeliers et la rue Childebert regroupe une population aux conditions modestes, souvent ouvrière. Ici se sont installés des fripiers, des merciers, des tanneurs, mais aussi des bistrots et des hôtels de fortune. Les rues ne sont bien souvent que des venelles étroites, malsaines, où les eaux croupies empuantissent l'atmosphère. Dans ce dédale mal entretenu et insalubre, la rue Thomassin est longtemps réputée pour être un haut lieu de la prostitution. Elle abrite plusieurs maisons closes et n'excède pas 3 mètres de largeur dans sa partie orientale débouchant sur le quai de l'Hôpital (actuel quai Jules Courmont).

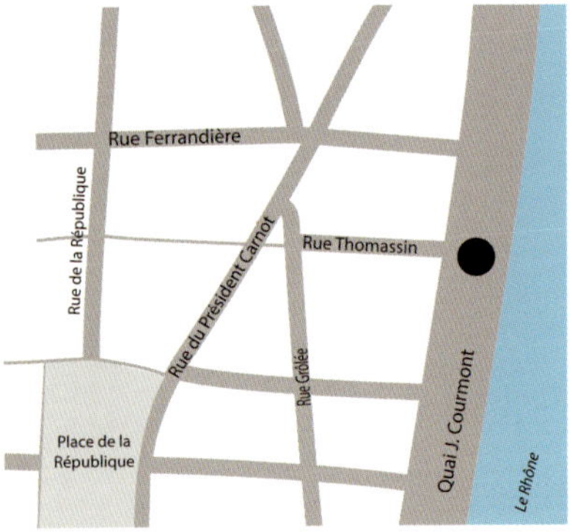

Le grand ménage hygiéniste

En 1891, les grands travaux d'assainissement et de rénovation du quartier sont lancés sous la houlette de l'énergique maire Gailleton. Ils dureront quasiment vingt ans, empêtrés dans les problèmes financiers et les procès. La rue Thomassin s'étend désormais dans sa largeur jusqu'à l'ancienne rue Tupin Rampu qui a été rayée de la carte à cette occasion. La plupart des maisons et des immeubles existants sont détruits et remplacés par de grands immeubles. L'alignement de la rue ne sera pourtant jamais terminé. Au-delà de la rue de la République, elle garde une portion très étroite bordée d'anciennes maisons laissant deviner la ruelle d'antan.

Cinéma mythique *au numéro 20*

Ouvert en 1881, le théâtre Scala-Bouffe est d'abord dédié au café-théâtre, avant de se lancer en 1906 dans la projection cinématographique. En 1938, la salle se transforme définitivement en cinéma. Dans les années 1970, elle se mue en un complexe de sept salles, les 7 Nefs, qui seront 8 en 1989 après le rachat du cinéma X voisin. En 2006, l'établissement devient le Pathé Cordeliers.

Le quartier Grôlée avant sa démolition : quai de l'Hôpital. Cliché Jules Sylvestre, 1880. P0546_SA 14/13, BM Lyon.

Le passage de l'Hôtel-Dieu *« pradelisé »*

C'est une élégante galerie couverte, ornée de deux rangées de magasins. Mais sous ses allures chics, le passage de l'Hôtel-Dieu a les pieds dans le sang. Construit en 1790, il vient remplacer la boucherie couverte qui se tenait à cet endroit depuis la fin du XVIe siècle. A l'époque, qui dit « boucherie » dit vente aux particuliers, mais aussi tueries d'animaux, puanteur et cris de bêtes. Drainé par des rigoles, le sang est acheminé jusqu'au fleuve. La boucherie de l'Hôtel-Dieu occupe toute la partie nord de l'hôpital du même nom, entre le quai de l'Hôpital (actuel quai Jules Courmont) et la Grande rue de l'Hôpital, devenue à cet endroit la place de la République. L'établissement tire d'ailleurs un revenu de la location des étals. Mais cet environnement n'est pas de tout repos pour le voisinage, malade ou non. Les plaintes abondent. L'ouverture d'un nouvel abattoir à Perrache en 1840 est l'occasion de changer d'air.

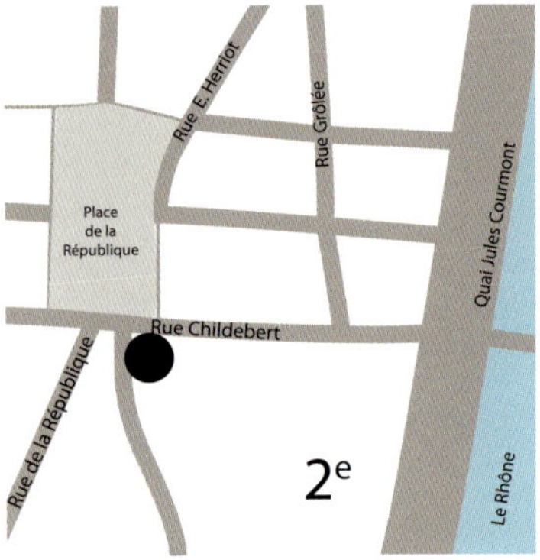

Le fief des bijoutiers lyonnais

Les cases où l'on tuait les animaux deviennent des boutiques situées de part et d'autre d'une large allée surmontée d'une voûte en verre. On y trouve de nombreux bijoutiers, mais également des libraires, des imprimeurs ou des graveurs. Considéré comme l'un des plus beaux passages couverts de la ville, voisin du non moins renommé passage de l'Argue, il sera pourtant sacrifié au nom de l'urbanisme sous l'impulsion du maire Louis Pradel. En 1959, il est démoli lors des travaux d'élargissement de la rue Childebert afin de faciliter le trafic automobile à la sortie du pont Wilson.

Commerces place de la République et passage de l'Hôtel-Dieu. Cliché Jules Sylvestre, non datée. P0546_S 287, BM Lyon.

L'Argue, *bon dernier*

Le dernier « passage » lyonnais en activité est aussi le premier. Ouvert en 1828, le passage de l'Argue relie entre eux les grands axes commerciaux de la Presqu'île : la rue de la République, la rue Edouard Herriot et la rue de Brest. Conçu sur le modèle des « galeries » parisiennes en vogue à l'époque, coiffé d'une verrière, il a longtemps abrité le théâtre de Laurent Mourguet et son célèbre Guignol.

Jacobins, la place aux cinq fontaines

D'abord, il y eut un puits. La place apparaît au XVIe siècle, c'est l'une des plus anciennes de Lyon. Située sur la principale artère de la ville au Moyen Age, elle constitue un passage obligé pour les marchands entre la rue Mercière et la rue Confort. La vocation commerciale du quartier, aujourd'hui réputé pour ses boutiques de luxe, ne date donc pas d'hier. La place est de forme triangulaire, comme c'est encore le cas sur la photo datée du milieu du XIXe siècle. Une première vraie fontaine succède au puits en 1760. Elle côtoie un obélisque pyramidal érigé en 1609. Après la Révolution, la place fait table rase et garde pour seul décor une pompe à eau, dont le bruit strident exaspère les habitants. En 1853, une fontaine en fonte vient la remplacer, suite au legs d'un voisin. C'est celle qui figure sur la photo en noir et blanc.

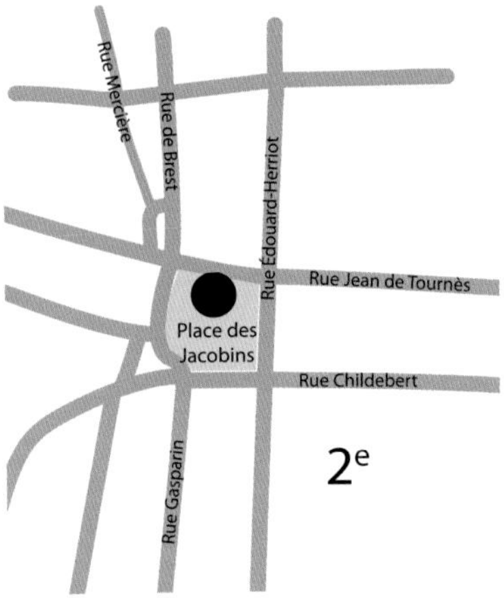

Du triangle au rectangle au rond-point

C'est au cours du Second Empire que la place prend sa forme rectangulaire. La préfecture est détruite et les maisons qui bordent le versant nord-est sont rasées pour faire place à la nouvelle rue l'Impératrice, actuelle rue du Président Edouard Herriot. On reconstruit de beaux immeubles typiques de l'urbanisme de l'époque : façades finement décorées, fenêtres parfaitement alignées. En 1868, un monument à la gloire du préfet Vaïsse est inauguré… et remplacé en 1885 par la majestueuse fontaine de Gaspard André. Cent cinquante ans plus tard, la réhabilitation de l'œuvre s'accompagne d'un réaménagement complet de la place, devenue entre-temps une sorte de rond-point encombré par le trafic et le stationnement. Objectif : lui redonner son calme et sa superbe.

Vue en direction du nord-est de la place de la Préfecture, prise avant 1866. Cliché Louis Froissard. P0546_S 119, BM Lyon.

Nom *d'une place !*

Née place Confort, elle reste ainsi désignée jusqu'à la Révolution. En 1794, signe des temps, on la renomme place de la Fraternité, puis elle devient place de la Préfecture en 1858 suite à l'installation de ladite administration sur les lieux. Dix ans après, elle est rebaptisée place de l'Impératrice et le restera jusqu'en 1870. Après quoi, elle deviendra la place des Jacobins, comme nous l'entendons encore aujourd'hui.

Les Célestins : place au théâtre !

Il a vu passer Sarah Bernhardt, Jean Marais, Sacha Guitry, Fernandel, Louis Jouvet, Edith Piaf et même Johnny Hallyday. Avec l'Opéra, le théâtre des Célestins est un monument de la culture à Lyon, dans tous les sens du terme. Tous deux sont d'ailleurs longtemps considérés comme rivaux. Suite à la suppression de la liberté des théâtres sous Napoléon Ier, ils sont les seuls théâtres autorisés en ville. Les Célestins voient le jour en 1792, sous un autre nom et une autre peau : le théâtre des Variétés. Construit à l'emplacement de l'ancien couvent des Célestins, il s'attire les faveurs des Lyonnais avec un répertoire populaire de comédies, vaudevilles et mélodrames. En 1871, il brûle entièrement. C'est l'architecte Gaspard André qui conçoit le nouvel édifice à l'italienne, orné de nombreuses sculptures, que nous pouvons encore voir aujourd'hui. Et pourtant, ce n'est pas le même…

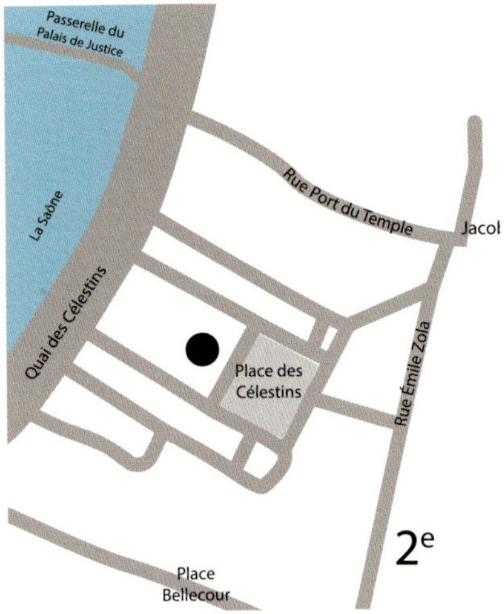

Flammes et lumières

Trois ans seulement après son inauguration en 1877, le théâtre est à nouveau ravagé par un incendie qui, ironie du sort, aurait pris dans la caserne des sapeurs-pompiers ! Gaspard André le reconstruit quasiment à l'identique. Dans les années 1930, la place des Célestins est bordée de cafés et de cabarets où se retrouvent volontiers les noctambules. Elle a depuis retrouvé un visage plus calme, mais reste emblématique de la vie culturelle lyonnaise. A ce titre, elle fait traditionnellement partie des lieux mis en lumières par la Ville lors des illuminations du 8 décembre. En 2002, la façade du théâtre semblait s'embraser à nouveau, en mémoire de son histoire chahutée. En 2011, elle est transformée en flipper géant actionné par le public depuis des buzzers installés sur la place.

Théâtre des Célestins, carte postale B.F. (1880-1918). B01CP69000 000628 BM Lyon.

Urban Flipper – Création CT Light Concept. Lyon, fête des Lumières 2011. Photographie CT Light Concept.

8 décembre, *d'où viens-tu ?*

On parle encore beaucoup d'une tradition remerciant la Vierge Marie d'avoir libéré Lyon de la peste en 1643, mais les illuminations du 8 décembre ont une origine moins miraculeuse. Elles célèbrent l'installation de la statue de la Vierge en haut du nouveau clocher de la chapelle de Fourvière, en 1852, et les illuminations spontanées des catholiques lyonnais malgré l'annulation des festivités pour intempéries. Après être tombée dans l'oubli dans les années 1960, la fête revient de plus belle à la fin des années 1980. Elle se déroule aujourd'hui sur plusieurs jours et attire plusieurs millions de personnes chaque année.

79 rue de la « Ré » : tout un numéro !

Impressionnante carrière que celle du n° 79 de la fastueuse rue de la République. L'adresse semble être née pour divertir les Lyonnais, *ad vitam aeternam*. Une génération après l'autre, ils s'y sont pressés et s'y pressent encore. Tout commence en 1862 avec l'ouverture du Casino des Arts. A l'époque, les cafés-concerts ont la cote. Avec ses 3 000 places, le Casino est l'une des premières salles d'envergure vouée à ce style qui plaît. Chanteuses, chansonniers, diseuses et fantaisistes s'y produisent devant un public attablé et gouailleur. Le « renouvellement » de la consommation, longtemps obligatoire entre chaque numéro bien qu'interdit depuis 1864, fait office de tarif. Dans les années 1870, le lieu programme aussi des concerts symphoniques populaires et accueille même Camille Saint-Saëns au piano.

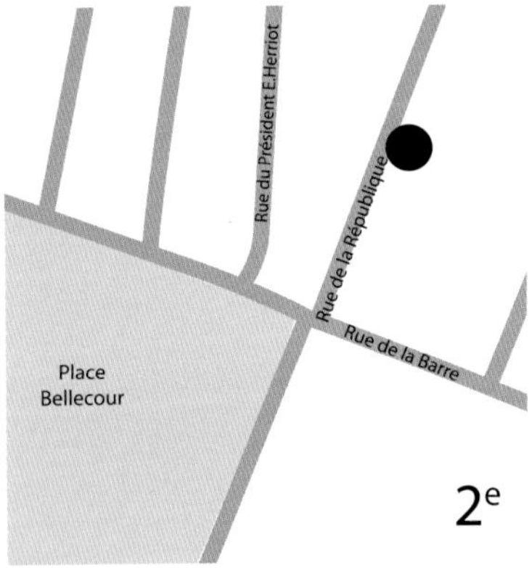

De la scène à l'écran

En 1881, la salle se pare d'une nouvelle élégance : stucs, parterre avec fauteuils, une rangée de loges et deux étages de galeries. Rachetée en 1902 par Edouard-Joseph Rasimi, elle devient un haut lieu du music-hall : le Casino Kursaal. Les Lyonnais viennent y applaudir les stars du genre comme Mistinguett, Félix Mayol ou Maurice Chevalier et raffolent des revues croustillantes dont Rasimi s'est fait une spécialité. Ce sont également les beaux jours de l'opérette, ses histoires légères et ses décors flamboyants. Quelques projections cinématographiques ont lieu le matin. Ce sont finalement elles qui gagneront la partie. En 1931, suite à la crise de l'après-guerre et à l'augmentation du coût des spectacles, Rasimi est contraint de vendre. L'ancien music-hall est démoli. Depuis, c'est le coq, emblème du cinéma Pathé, qui règne sur les lieux du haut de sa tour de 33 mètres.

Sur les traces *des frères Lumière*

A quelques mètres de l'illustre Casino, les frères Lumière ouvrent, en 1896, la seconde salle de cinéma au monde, la première étant parisienne. Un an après avoir tourné à Lyon le premier film de l'histoire, *La Sortie de l'usine Lumière*, les inventeurs du cinématographe investissent le café Madrid au numéro 1 de la rue de la République. Jusqu'en 1898, ils y proposent des séances publiques de « photographie animée ».

Le casino Kursaal (1902-1931).
Collection personnelle Bruno Thévenon.

Dans le ventre d'un temple du septième art : le Pathé

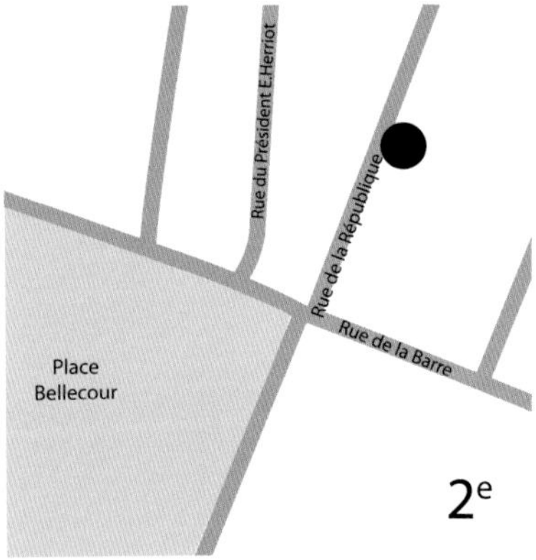

Le 9 mars 1933 est projeté le premier film de la longue vie du Pathé, rue de la République : *Paris-Méditerranée*. Celui qu'on appelle successivement Pathé Palace, Pathé Nathan et Pathé tout court est construit en 1932 par les frères du même nom sur les ruines du Casino Kursaal. A l'époque, c'est la plus grande salle de projection de la ville. Elle comprend 1 800 places et deux balcons. Conçu par Eugène Chirié, le bâtiment est un bel exemple d'architecture cinématographique « spectacle », permettant d'identifier le lieu de loin. Sur la façade, brillant de mille feux la nuit, une tour en béton porte fièrement l'emblème de la Maison : un coq doré toisant l'horizon, perché sur un globe à 33 mètres de haut. A l'intérieur, dans le vaste hall, tout est fait pour séduire la clientèle : caisses mobiles visibles depuis la rue, ambiance lumineuse et décoration soignée.

Le cinéma le plus populaire de Lyon

Toujours avec une longueur d'avance, le Pathé subit une première grande transformation en 1972 et devient le premier complexe multisalles à Lyon. Sur le fronton de la façade, on peut lire : *« Quatre salles - Quatre films »*. La première photo du hall d'entrée date de cette époque, prise juste derrière les caisses. Grande nouveauté : l'escalator qui dessert les salles 2 et 3. Une cinquième salle est ouverte sept ans plus tard, suivie de trois autres en 1986. En 1995, à nouveau remodelé de la tête aux pieds, le Pathé devient le premier multiplexe lyonnais, avec dix salles et plus de 2 000 places. Dernier changement de peau en date, celui de 2011 : nouveau hall chatoyant, ajout d'un étage et remplacement des caisses par des billetteries automatiques.

Hall d'entrée du cinéma Pathé, 1973.
Collection personnelle Bruno Thévenon.

Ambiance, *ambiance…*

De tous les cinémas qui naissent avant 1914, beaucoup fleurissent en Presqu'île. Et beaucoup y restent. C'est le cas d'une autre salle mythique de la « rue de la Ré » : le cinéma Ambiance. Né Artistic en 1911, passant à trois salles en 1979, devenu un spécialiste des nouveautés semi-grand public en version originale sous-titrée, il ferme finalement les yeux en 2006 et est transformé en commerce.

Le Royal, en toute élégance

L'hôtel Royal, né Bellecour, est toujours là. Le majestueux édifice est créé à l'aube du XIXe siècle en bordure de la façade méridionale de la place Bellecour. Le quartier accueille déjà depuis le siècle précédent quatre grands hôtels de voyageurs, dont le très renommé hôtel de l'Europe. Trois ans après l'ouverture de l'hôtel Royal, typique d'une nouvelle génération de fastueux établissements, le rez-de-chaussée est cédé à la famille Hoffherr. Ces brasseurs bien connus à Lyon, installés depuis 1853 dans le quartier de Perrache, dirigent un empire de la bière en pleine expansion. Le Grand café Bellecour ouvre en 1895, inaugurant une nouvelle ère de brasseries chics et élégamment décorées : vaste hall éclairé de baies avec des vitraux, tables en marbre bien espacées, banquettes confortables et grandes glaces murales encadrées de peintures.

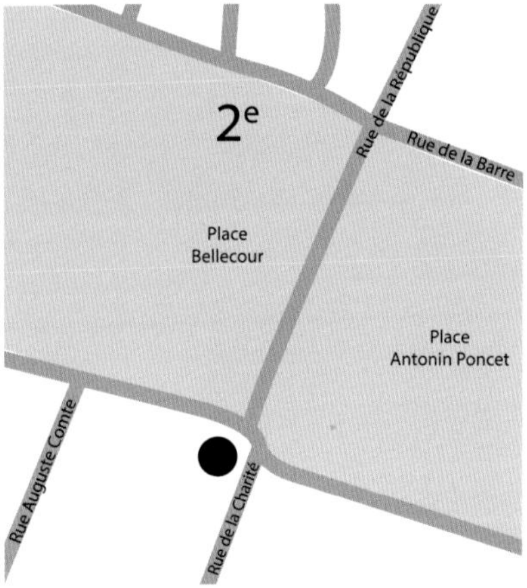

Ciel, le cinéma parle !

En 1912, une partie du rez-de-chaussée revient dans le giron de l'hôtel, qui y installe son hall de réception. Le café doit fermer. A la place s'installe le Royal Aubert Palace, un des cinémas les plus élégants de Lyon avec sa belle entrée d'angle et sa marquise Art déco. C'est ici que, en 1930, les Lyonnais découvrent les premiers films parlants de leur histoire. Il change plusieurs fois de nom (Aubert Palace, Royal Aubert, Royal Gaumont) mais il reste le Royal pour les Lyonnais. Modernisée en 1948, la salle est finalement exploitée par Gaumont jusqu'à sa fermeture en 1985. Le lieu est aujourd'hui retourné à ses premières amours : rafraîchir les gosiers et rassasier les estomacs.

Bellecour *la cinéphile*

Le premier « vrai » cinéma de Lyon est né au début du XXe siècle de l'autre côté de la place Bellecour, au 4 place Le Viste. Jusqu'ici, aucune salle n'avait été entièrement dédiée au cinéma, même si de nombreux lieux s'étaient déjà équipés du fameux cinématographe. Le Bellecour reçoit des spectateurs jusqu'en 1991, date à laquelle il est remplacé par un magasin de chaussures.

Affiche du Royal Aubert-Palace, 1925. Collection personnelle Bruno Thévenon.

La place Bellecour et ses passants

Ce quadrilatère de 6 hectares, les Lyonnais l'arpentent depuis des siècles, en long, en large, mais surtout en travers sur deux chaussées en croix leur permettant d'éviter le traditionnel bourbier par temps de pluie. La place Bellecour, la plus vaste de la ville et la plus grande place piétonne d'Europe, ne date pas d'hier. Longtemps marécageux, le terrain est asséché au XVIe siècle et utilisé comme place d'armes. Il devient place publique en 1604 sous l'impulsion d'Henri IV. A partir du XVIIIe siècle, la bonne société se donne rendez-vous à l'ombre des tilleuls centenaires, remplacés au cours du siècle par des marronniers. On y déambule, on y intrigue... l'essentiel étant d'être vu. Le soir venu, changement d'atmosphère : l'endroit est également un haut lieu de la prostitution lyonnaise et les rendez-vous ont une tout autre allure.

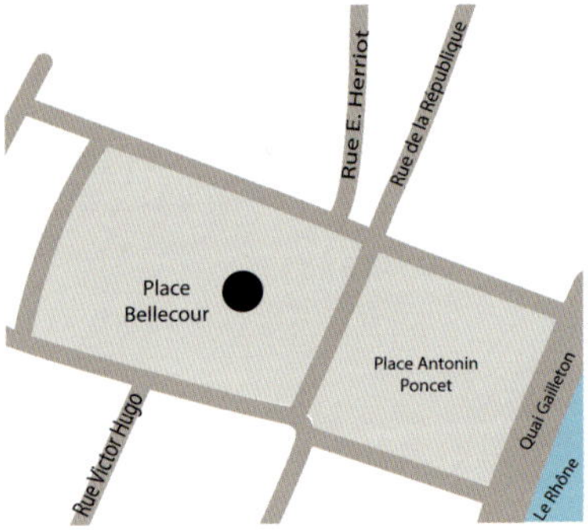

Promenades à l'horizon

La physionomie de la place a peu changé, bien qu'elle ait été éventrée plusieurs fois pour y creuser un parking souterrain et deux lignes de métro. Au centre, la statue équestre de Louis XIV installée en 1713 est toujours là. Elle a pourtant fini en « chair à canon » en 1793. La sculpture actuelle, depuis laquelle sont prises les deux photos, date de 1825. Coulée à Paris, elle arrive à Lyon après douze jours d'un voyage épique, tirée par 24 chevaux. Le principal changement concerne l'activité de la place. Alors que l'on s'y arrêtait volontiers il y a encore seulement soixante ans, on se contente souvent aujourd'hui de la traverser. Son réaménagement actuel vise d'ailleurs à lui redonner cette dimension paysagère et de promenade qu'on avait un peu oubliée.

La place Bellecour, dans les années 1940.
Fonds Jules Sylvestre, P0546_SA 16/3, BM Lyon.

« *Sous la queue* du cheval »

C'est ici que des générations de Lyonnais se sont donné et se donnent toujours rendez-vous. La statue du « cheval en bronze » est d'ailleurs l'objet d'une légende tenace. Le sculpteur, François-Frédéric Lemot, se serait suicidé après s'être rendu compte qu'il avait oublié les étriers. En réalité, il est mort de sa belle mort, nullement dévasté par cet oubli. Et pour cause : Louis XIV est sciemment représenté en cavalier romain, c'est-à-dire sans selle ni étriers.

L'hôpital se moque-t-il de la Charité ?

L'expression viendrait tout droit des bords du Rhône, où avoisinent pendant longtemps deux établissements hospitaliers légendaires : l'hôtel-Dieu et la Charité. A l'époque, hôpital et charité désignent la même chose, « charité » étant communément attribué aux hôpitaux gérés par des ordres. D'où la boutade. De l'hôpital de la Charité ne subsiste aujourd'hui qu'un clocher octogonal datant de 1666 : celui de la chapelle du même nom, sauvé *in extremis* en 1934 grâce à la mobilisation de la population alors que l'ensemble du site disparaît sous l'action des démolisseurs. Le vieil hôpital du XVIIe siècle avait fait son temps, dépassé par les nouvelles normes d'hygiène hospitalière. Les autorités, à commencer par le maire Edouard Herriot, auraient bien rasé aussi le vénérable hôtel-Dieu, mais elles ont été arrêtées par la qualité architecturale des bâtiments.

Un refuge pour les déshérités et les orphelins

A l'origine, l'hôpital de la Charité rassemble les différents services de l'Aumône générale, créée au XVIe siècle pour aider les Lyonnais dans le besoin. Elle accueille les indigents, les enfants abandonnés et les victimes des grandes épidémies qui frappent régulièrement la cité. Le nouveau règlement de 1786 limite sa population à 650 personnes : vieillards, prêtres, officiers et serviteurs. Les indigents y sont désormais indésirables. L'hôpital développe des services médicaux et chirurgicaux à destination des femmes et des enfants. A la fin du XIXe siècle, il accueille une grande maternité, pas toujours très réputée. Il a été remplacé par un monumental hôtel des postes et par la place Antonin Poncet, où s'élève le vieux clocher.

L'église de la Charité. Cliché Jules Sylvestre, avant 1934. P0546_S 282, BM Lyon.

Le « tour » *aux bébés*

Au tout début du XIXe siècle, les nombreux abandons d'enfants incitent les administrateurs de la Charité à installer un « tour » sur la façade donnant rue de la Charité. Le mécanisme, composé d'un cylindre en bois rotatif, permet aux mères en détresse d'y déposer leur enfant avant de prévenir les sœurs de l'abandon en actionnant une cloche. Il est abandonné en 1843 au profit d'un officiel « Bureau ouvert des abandons ».

Autobus et trolleybus : je t'aime, moi non plus

Avec ses sièges en cuir et son plancher en bois, le premier autobus diesel lyonnais est mis en service par la Compagnie des omnibus et tramways de Lyon (OTL) en 1934. C'est un GDSL Berlier, tout droit sorti des usines du célèbre constructeur lyonnais. A l'époque, même si quelques omnibus à pétrole circulent, le réseau comporte surtout des tramways et des trolleybus. Ces derniers, également appelés « électrobus » dans les années 1920, ont la faveur de la Ville à partir des années 1930 et remplacent, petit à petit, le parc de tramways vieillissant. Ils ont l'avantage de grimper bien plus facilement les côtes de la Croix-Rousse et de Fourvière. Les nouveaux autobus GDSL remplacent davantage les lignes de tramway à destination des banlieues, notamment au départ de Bellecour ou des Cordeliers.

Essence *versus* électricité

La pénurie de carburant qui touche la France entre 1939 et 1945 affecte le développement des autobus à essence. Berliet équipe ses GDSL avec des gazogènes. L'OTL préfère miser sur le trolleybus et augmente considérablement son parc de véhicules. La tendance s'inverse dans les années 1950, alors que la Ville s'engage dans le tout automobile. L'engouement pour le trolleybus se reporte sur l'autobus, bien plus simple à exploiter. Entre 1960 et 1969, la moitié du réseau passe à l'autobus. Il faut attendre le choc pétrolier de 1974 pour que le trolleybus vive un nouveau retour en grâce. Aujourd'hui, l'agglomération compte 150 lignes de bus, dont 8 de trolleybus. A l'intérieur, on est passé du tout cuir au tout velours. Plus de porte-bagages en hauteur ni de lattes en bois, mais des planchers bas accessibles aux personnes handicapées et une forêt de barres verticales bien pratiques pour l'équilibre des voyageurs debout.

Vue intérieure d'un autobus GDSL. Fonds de la Société des transports en commun lyonnais, cliché Jules Sylvestre, vers 1934-1947. 38PH TCL00111, AM Lyon.

Marius Berliet *et l'automobile lyonnaise*

Né en 1886 dans une famille de canuts croix-roussiens, le jeune Marius Berliet délaisse vite l'atelier paternel pour aller bricoler des moteurs et fabriquer sa première automobile, « la Pantoufle ». Cette dernière finit dans la devanture d'un charcutier en bas de la montée de la Grande-Côte, mais cela n'arrête pas le jeune homme qui sera bientôt à la tête de plusieurs usines fabriquant les fameux camions et autobus Berliet.

Desgenettes, l'hôpital déserteur

Faute de posséder une garnison importante, la ville de Lyon est privée d'hôpital militaire jusqu'en 1831. Les troupes déposent leurs malades à l'hôtel-Dieu ou dans différents hôpitaux provisoires. Mais après la première insurrection des canuts, les choses changent. La ville est dotée d'une garnison appelant la présence d'une structure hospitalière dédiée et permanente. Le lieu qui remporte la mise est l'hôpital provisoire de l'Ancienne Douane, installé depuis 1807 dans la caserne du même nom située le long du Rhône à côté de l'hôpital de la Charité. Le terrain avait été annexé sans état d'âme par le pouvoir royal sur le site de l'hôpital de la Charité afin d'y abriter, dès 1789, la nouvelle douane… qui n'eut pas le temps de servir, Révolution oblige.

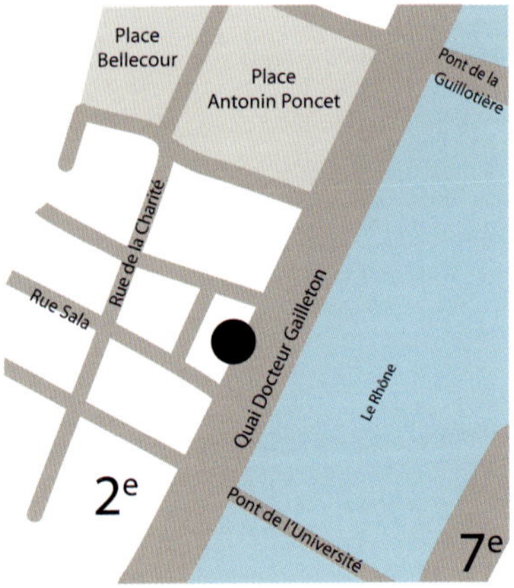

De l'hôpital militaire à l'hôtel de luxe

Celui que l'on appelle alors l'hôpital de l'Ancienne Douane répartit les malades en quatre catégories : les blessés, les fiévreux, les galeux et les « *malades pour inconduite* » (!). Il s'étend sur plus de 12 000 m^2 mais est fréquemment saturé face aux guerres, aux révoltes et aux épidémies qui s'enchaînent. Si bien que, en 1859, un second hôpital militaire (l'hôpital Villemanzy) est ouvert dans l'ancienne caserne des Collinettes de la Croix-Rousse, montée Saint-Sébastien. En 1887, l'hôpital de l'Ancienne Douane prend le nom d'un brillant médecin militaire de l'Empire : le baron Desgenettes. Il devient également hôpital d'instruction militaire en 1889 et loge les élèves pendant quelques années. En 1946, l'ensemble des services est transféré dans le nouvel hôpital Desgenettes du boulevard Pinel. L'ancien édifice reste debout jusqu'en 1967, date à laquelle il est remplacé par l'hôtel de luxe Sofitel.

Quai Gailleton ; hôpital Desgenettes. Carte postale E.R. (1918-1945). B01CP69000 000545, BM Lyon.

Allongés *illustres*

Ils y ont dormi, malades ou non : le lieutenant de Gaulle, blessé en 1914 ; Bill et Hillary Clinton pendant le G7 de 1996, pour lesquels les fenêtres de la suite 701 ont été munies de vitres pare-balles ; Alain Delon pendant deux mois en 1995 à l'occasion d'un tournage ; le président chinois Hu Jintao en 2001 ; l'équipe de France de rugby en 2006… et bien d'autres.

Le sel de la ville (et son grenier)

Qui dit impôt sur le sel dit stockage du sel. Au tout début du XIXe siècle, il existe plus de 70 magasins disséminés dans la ville pour y entreposer la précieuse manne et gérer la perception des droits. Le sel en provenance du Midi arrive par bateau et est déchargé sur les quais de Saône au niveau de la passerelle Saint-Georges. A cet endroit, sur le quai Tilsitt, se trouve l'ancien arsenal qui fut le plus grand dépôt d'artillerie de France avant de finir en fumée pendant le siège de Lyon en 1793. L'endroit est donc tout indiqué pour recevoir, en 1828, le premier entrepôt public des sels de la ville, dit « grenier à sel ». Sa vocation s'élargit quelque peu en 1837, alors qu'il est surélevé d'un étage pour recevoir le dépôt de farine et de blé des boulangers à titre de caution.

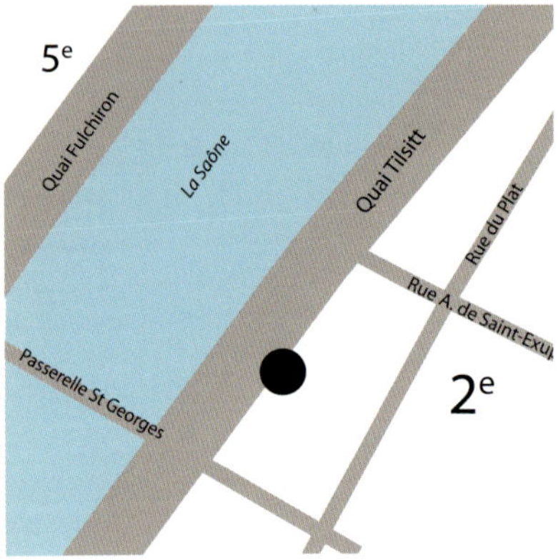

Attention, fragile

La construction de l'imposant bâtiment de granit a demandé quelques précautions. Le fer y est entièrement banni. Pour protéger les murs en pierre des détériorations provoquées par l'action du sel, ils sont préalablement badigeonnés avec un enduit isolant. Le grenier comprend 28 magasins de stockage, répartis de part et d'autre d'un passage central voûté. Au total, il peut contenir 15 000 tonnes. L'inondation de 1840 entraîne la perte de 800 tonnes de sel. On avait omis de bétonner la sous-couche du carrelage à certains endroits. En 1860, la législation sur le commerce du sel change. Le grenier à sel est transféré avec les douanes voisines dans le quartier de Perrache. Les terrains sont vendus et rebâtis. On y trouve, depuis 1864, le bel édifice néobyzantin de la grande synagogue de Lyon.

Les anciens bâtiments de la douane et le grenier à sel vus depuis la rive droite de la Saône.
Fonds Jules Sylvestre, 1859. P0546_S 97, BM Lyon.

L'infortuné *Flacheron*

Initialement confié à l'architecte de la Ville, Louis-Cécile Flacheron, le projet change finalement de main sur la demande expresse du Conseil des bâtiments civils. Ce dernier impose l'un des leurs, le Parisien Louis-Pierre Baltard, qui a réalisé le grenier à sel de la capitale. Flacheron est quand même tenu d'exécuter le projet, chapeauté par Baltard. Cette expérience douloureuse signera la fin de sa carrière et son départ à la retraite.

Fatale retraite pour le pont d'Ainay

1er septembre 1944 : jour funeste pour les ponts lyonnais. En pleine retraite, afin de protéger ses arrières, l'armée allemande dynamite, un à un, tous les ponts de la ville. Le pont de l'Homme sur la Roche et la passerelle Saint-Vincent, tous deux situés sur la Saône, sont les seuls à échapper au massacre. Pour les autres, c'est la noyade. Bien souvent, il ne reste que les piles et les culées des malheureux ouvrages. Des passerelles en bois provisoires sont installées en attendant la fin des travaux de réhabilitation. Le pont d'Ainay, dont l'utilité sur la Saône était contestée depuis déjà un moment, ne sera pas relevé.

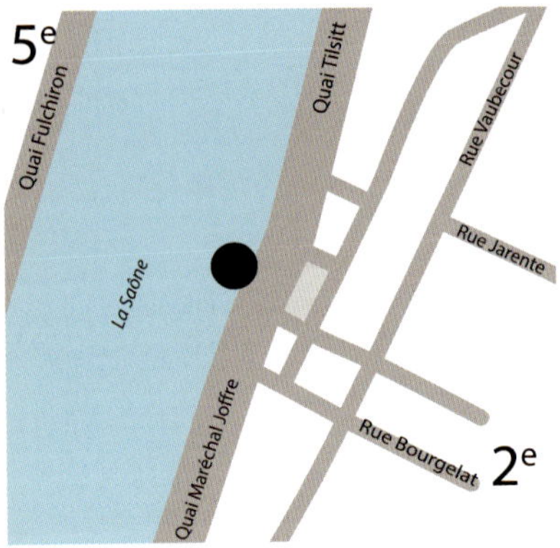

En souvenir du pont perdu

Il faisait pourtant partie du paysage lyonnais depuis près de deux cents ans. En 1749, les Hospices construisent sur cet emplacement un premier pont en bois, moyennant péage, qui permet de relier le quartier d'Ainay au Vieux Lyon. Situé non loin de l'arsenal du quai Tilsitt, il prend d'abord le nom de pont de l'Arsenal. C'est l'explosion de ce dernier, lors du siège de Lyon, qui précipite sa fin en 1793. Le coup de grâce est donné par les riverains qui le désossent pour récupérer son bois. A l'époque, il s'agit du dernier pont sur la Saône avant le confluent situé au pied des remparts d'Ainay. Un second pont est construit au même endroit en 1818 mais vieillit mal. Il est remplacé en 1899 par un pont métallique dont il ne reste aujourd'hui plus une miette, hormis la trace des anciennes culées. Dans le cadre du projet Rives de Saône, un belvédère souvenir en bois est adossé à la culée de la rive gauche.

estruction des ponts de Lyon par l'armée allemande, 3 septembre 1944 :
ont d'Ainay sur la Saône. Fonds Jules Sylvestre, P0546_S 3585, BM Lyon.

Un air *de famille*

Sous sa dernière mouture, le pont d'Ainay est un bel exemple de l'architecture métallique volontiers appliquée aux ponts du début du XXe siècle. Il ressemble beaucoup, malgré ses dimensions plus modestes, à ses grands frères les ponts Gallieni et de l'Université : arches métalliques, piles en pierre et décoration abondante chargée de symboles républicains.

Place Carnot, le bout d'un monde

Difficile de croire qu'il y a deux cent cinquante ans s'étendait ici un paysage marécageux fait de bancs de sable et d'îles aux contours changeants. Le confluent. Un peu plus au nord, les remparts d'Ainay annonçaient la ville. A la fin du XVIIIe siècle, l'entreprise de Perrache change la donne en décidant d'agréger les îles et de repousser le confluent à la Mulatière afin de doubler la surface de la Presqu'île. Un canal est creusé entre le Rhône et la Saône pour faire fonctionner des moulins, vite remplacé par le majestueux cours de Verdun. Au nord de cette zone, jusqu'à Ainay, les terrains sont progressivement viabilisés et bâtis. Le « quartier neuf » prend forme, à partir d'une grande place qui ne prendra le nom de Carnot qu'en 1889 après s'être nommée, entre autres, place Louis XVIII, place de la Liberté ou place Perrache.

2^{e}

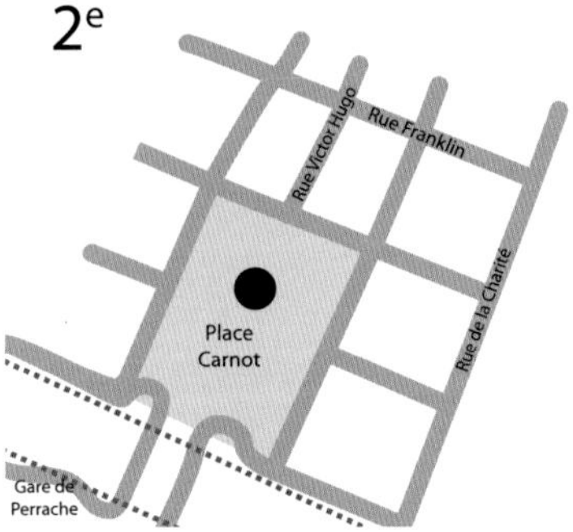

La valse des perspectives

Jusque dans les années 1820, la place s'apparente à un terrain vague où se tiennent les marchés aux chevaux. Puis elle est aménagée en jardins, sert de patinoire l'hiver et voit rouler un certain nombre de têtes à la grande heure de la guillotine. En 1857, la gare de Perrache devient son nouvel horizon sud. L'édifice, qui barre la Presqu'île d'est en ouest, accentue la coupure entre le quartier neuf et la presqu'île Perrache qui ne communiquent plus qu'à travers trois tunnels percés sous la gare. Nouveau changement de décor dans les années 1970 : la gare est entièrement masquée par le très contesté centre d'échanges de Perrache signé René Gagès. Derrière sa façade miroir, il abrite un nœud autoroutier, une station de métro, une gare routière, un parking et une station de taxis.

Monument de la République, place Carnot et gare de Perrache, vers 1910. 4FI_889, AM Lyon.

Qui a touché *à la République ?*

Le monument de la République qui trônait au centre de la place Carnot depuis 1887 ne saute plus aux yeux. Pourtant, il est toujours là, un peu plus à l'est, dissimulé sous les arbres. L'allégorie de la République a en outre été dépossédée des trois groupes en pierre qui l'accompagnaient : la Liberté, l'Egalité et la Fraternité qui ornent désormais le parc Bazin (3e arrondissement). Responsable : la ligne A du métro, construite en 1975… juste en dessous.

Un nouveau centre-ville à la croisée des eaux

La mue est impressionnante. Entre les deux plans, le quartier du Confluent a troqué ses anciens habits industriels et logistiques contre une nouvelle peau rutilante et accueillante, encore en plein devenir. En 1847, le remblaiement de ces 150 hectares gagnés sur les eaux au cours du siècle précédent touche à sa fin. Seule l'extrémité sud sera modifiée quelques années plus tard, avec l'installation d'une digue séparative altérant le contour originel du confluent dessiné par Perrache. Suite à un marché passé avec la Ville, les frères Seguin ont créé une gare d'eau ouverte sur la Saône et y ont amené le chemin de fer depuis Saint-Etienne. En 1826, le maire Lacroix-Laval affiche sa volonté de voir naître ici une véritable *« cité industrielle »*. De fait, le territoire est vite dévalorisé, accueillant les activités dont le centre ne veut pas : arsenal, prison, abattoirs, usine à gaz, entrepôts…

Confluence : ne l'appelez plus « Perrache »

L'implantation de la gare centrale de Perrache en 1857 accentue l'industrialisation du site et signe la suprématie du rail sur l'eau. Jusque dans les années 1990, le secteur tombe dans une sorte d'oubli urbain. Le seul monument qui s'y élève est l'église Sainte-Blandine. Revenu en grâce, fort de son immense potentiel paysager et structurel, il fait l'objet depuis le début du XXIe siècle d'un gigantesque programme d'urbanisme : Lyon Confluence. En pleine création, cette nouvelle extension de l'hypercentre renoue avec un environnement fluvial exceptionnel, en alliant modernité et mémoire industrielle, mixité sociale et développement durable. Côté Saône, le nouveau visage de la Confluence est sorti de terre. La seconde phase du projet, côté Rhône, court jusqu'à l'horizon 2020. Le début d'une nouvelle histoire.

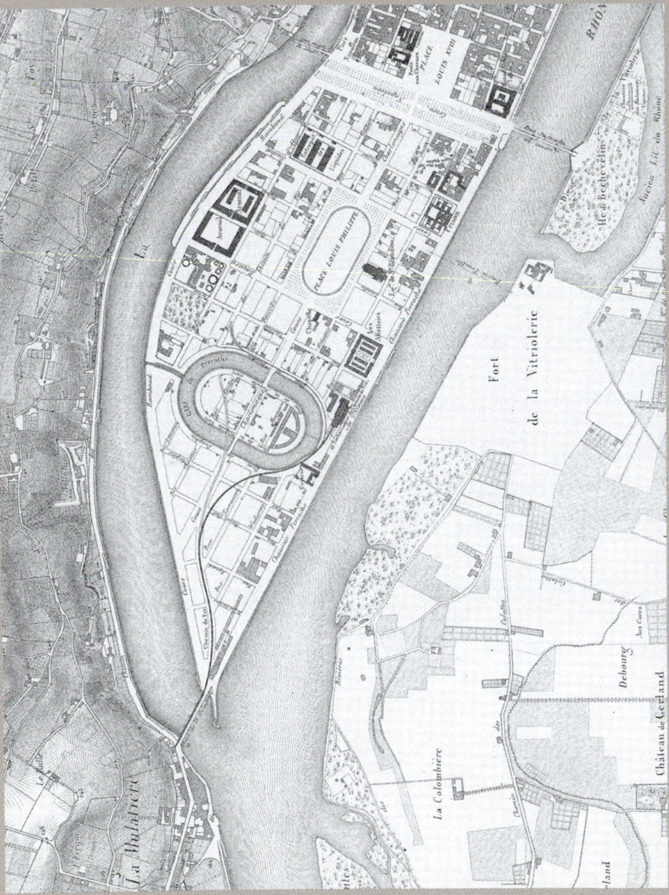

Plan topographique de la ville de Lyon : presqu'île Perrache, Dardel, 1853. AM Lyon.

Plan-masse du projet urbain Lyon Confluence. © Asylum Lyon, 2011.

Une greffe de béton, de verre et d'acier

Cent vingt ans. C'est le temps qu'auront eu les Lyonnais pour apprécier la monumentale façade en pierre de la gare Perrache, située juste au sud du cours de Verdun. Le site est choisi en 1845 pour recevoir la gare lyonnaise du Paris-Lyon-Méditerranée, inaugurée seulement en 1857. Jusqu'ici, le terminus de la ligne Paris-Lyon était situé à Vaise. L'architecte François-Alexis Cendrier conçoit une structure dédiée aussi bien au tourisme qu'au commerce. L'accès au grand pavillon central en avancée, dans lequel sont reçus les voyageurs, s'effectue grâce à deux rampes s'enroulant autour d'un jardin. Au sud des bâtiments s'étend le rempart des voies ferrées, traversant la Presqu'île d'est en ouest et enjambant Rhône et Saône sur deux hauts viaducs, ce qui explique la surélévation de la gare. Au nord se développent les hôtels, les commerces et les loisirs, tandis qu'au sud le quartier Perrache se spécialise dans la logistique.

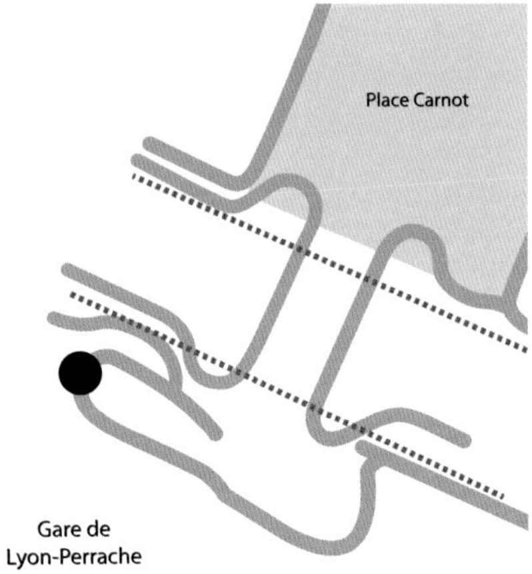

Relooking et noms d'oiseaux

Jusqu'en 1983 et l'ouverture de la gare TGV de la Part-Dieu, Lyon tient ici sa gare centrale. Quelques années auparavant, l'édifice centenaire se voit marié de force avec un bloc horizontal de béton, de verre et d'acier abritant une surréaliste jonction autoroutière en plein centre-ville. La greffe avec l'échangeur, que les Lyonnais surnomment parfois le « Blockhaus », la « ligne Maginot » ou la « Verrue », n'est finalisée que dans les années 1980. Le mail piétonnier traversant la galerie marchande installée au niveau 2 du centre d'échanges s'engouffre alors dans la gare. Un nouvel espace est créé en étage, vidant le rez-de-chaussée des services qui y étaient installés : accueil, billetterie, buffet… Depuis, la vue depuis l'hôtel Terminus a un petit air beaubourien.

e de situation depuis un étage de l'hôtel Terminus. Carte postale, emier quart XXe siècle. 20026900116 - BM Lyon.

Ce qui aurait pu *se passer*

Initialement, René Gagès avait prévu de faire de l'échangeur un pont urbain à cheval sur la gare, ce qui aurait entraîné la suppression des prisons situées de l'autre côté. Un ensemble immobilier mêlant hôtels et bureaux coiffait même l'édifice. Suite aux refus du ministère de la Justice et de la SNCF, un second projet voit le jour, sacrifiant cette fois le cours de Verdun.

La brasserie au long cours

La brasserie Fritz est la petite sœur de la grande brasserie Georges, installée juste en face, au numéro 33 du cours du Midi (actuel cours de Verdun). A l'époque, il suffit de traverser les 126 mètres de large de la majestueuse avenue arborée pour se rendre de la Georges à la Fritz. La chose n'est plus possible aujourd'hui sous peine de se faire rapidement aplatir, nœud routier et autoroutier oblige. Des dizaines de voies de circulation occupent désormais tout l'espace avant de s'engouffrer sous l'échangeur de Perrache ou de rejoindre l'axe nord-sud en bordure du Rhône. Mais jusque dans les années 1970, le cours du Midi (Verdun) est l'une des voies les plus courues de Lyon. La grande Vogue de Perrache se tient ici chaque été et les cirques de passage y plantent régulièrement leur chapiteau.

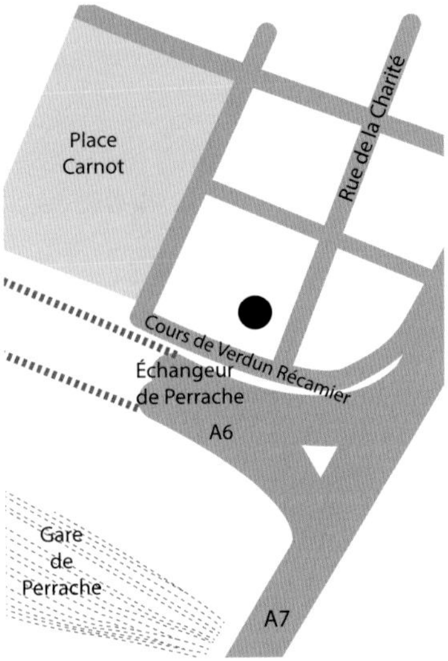

Une affaire de famille

La brasserie Fritz, également dite de l'Alhambra, ouvre en 1882. Soit presque cinquante ans après son illustre aînée. Aux commandes : Frédéric « Fritz » Hoffherr, le fils du fameux Georges, brasseur alsacien venu s'installer à Lyon en 1835 après le décès de sa femme. Le franc succès de la brasserie Georges, avec son immense salle de 700 m^2 et ses bières brassées sur place, engage la famille à ouvrir d'autres lieux arrosés par le breuvage maison. La brasserie Fritz se trouve au fond d'une cour, derrière un beau portique mauresque percé de cinq arcades. A l'intérieur, dépaysement garanti : les murs sont recouverts de peintures de paysages évoquant l'Algérie. Le lieu ferme en 1915, après s'être essayé pendant cinq ans au cinéma. Il est reconverti en magasin de draps, puis en entrepôt. Les derniers souvenirs de l'ancienne brasserie s'envolent dans les années 1990 avec la démolition des pans de murs restants.

a brasserie Fritz, Perrache. Cliché Jules
lvestre, vers 1900 - P0546_SA 15/6,
M Lyon.

L'heure de gloire *de la bière lyonnaise*

Lyon, capitale… de la bière. Eh oui ! Au XIXe siècle, la ville attire de très nombreux brasseurs. Ils y trouvent les deux ingrédients indispensables à la fabrication de la boisson : de l'eau, abondante et de très bonne qualité, et du houblon en quantité. La bière « noire » de Lyon était brune ou ambrée, de fermentation haute, forte en goût, très mousseuse et très sucrée.

« *Derrière les voûtes* » : en avant !

Trois petits tunnels et puis c'est tout. Voilà ce qui reste aux Perrachois en 1857 pour rejoindre la place Carnot et plus largement le centre-ville. La gare, perchée à 6 mètres de hauteur sur un immense terre-plein central, coupe définitivement la Presqu'île en deux. Au sud, le quartier se retrouve isolé « *derrière les voûtes* », surnom qui lui collera longtemps à la peau. La porte d'entrée de la presqu'île Perrache se matérialise par trois arches creusées sous la gare pour relier le cours de Verdun et le cours Charlemagne. Hautes de 8,50 mètres et larges de 5 mètres, elles communiquent entre elles grâce à des arcades transversales qui ont été bouchées depuis. Dans les années 1980, la gare s'ouvre enfin sur l'arrière, offrant une nouvelle voie piétonne pour la traverser mais ne résolvant pas franchement l'enclavement d'un territoire appelé pourtant à un grand avenir.

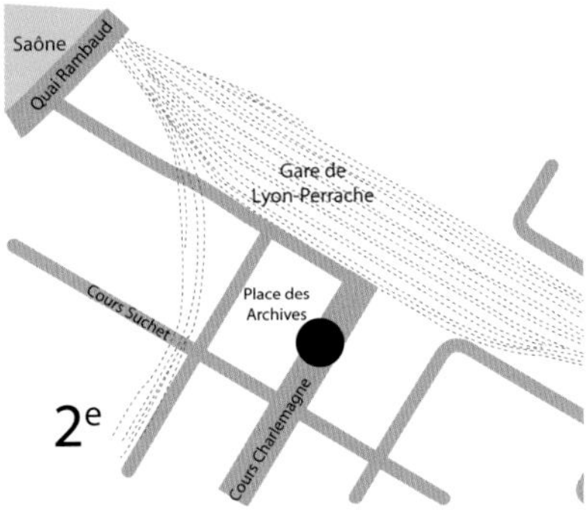

Un tram pour joindre les deux bouts

Véritable colonne vertébrale du quartier, le cours Charlemagne a retrouvé, en 2005, les rails qui l'avaient longtemps parcouru. Apparu en 1881, le tramway disparaît de Lyon en 1957 après une grande carrière hippomobile puis électrique. En 1900, tous les chevaux de traction du réseau OTL (Omnibus et tramways de Lyon) avaient été remplacés par la fée électricité. Après une absence de cinquante ans, où règnent en maître l'autobus et l'automobile, on revient pourtant à ce mode de transport doux, plus conforme aux nouvelles politiques de développement durable. Ici, il symbolise aussi le renouveau de celui que l'on nomme désormais Confluence : un quartier mixte où se mêlent habitations, activités tertiaires, commerces et équipements de loisirs, largement ouvert sur ses cours d'eau à défaut de l'être davantage sur le nord…

Cours Charlemagne, vers 1905.
4FI_11083 , AM Lyon.

Une nouvelle place
comme antichambre

Depuis 2010, la nouvelle place des Archives marque l'entrée nord de Lyon Confluence. Ouverte au pied de l'entrée sud de la gare, elle a nécessité la démolition de quelques immeubles anciens au tout début du cours Charlemagne mais s'intègre au sein d'un habitat populaire d'époque. Elle abrite également un parc de stationnement souterrain sous son flanc est.

Mauvaise passe pour le bas-port

A sa mort, en 1779, Michel-Antoine Perrache laisse une extrémité de la Presqu'île encore fort humide. Le titanesque remblaiement nécessitera à nouveau de longs efforts avant de porter ses fruits. Mais il a réussi un premier exploit : reculer le confluent en redressant le cours du Rhône. Une chaussée rectiligne borde désormais la rive droite du fleuve, depuis la Charité jusqu'à la Mulatière. Planté d'arbres, le nouvel axe nord-sud s'accompagne d'un bas-port haut en couleur, où se succèdent différentes embarcations : bateaux-mouches, bacs à traille qui relient la rive opposée, bains publics, bâchuts de pêcheurs pour conserver le poisson vivant et puis les fameuses plates (ou plattes) indissociables du paysage jusqu'au début du XXe siècle. C'est sur ces barques à fond plat, « froides » puis « chaudes », que le linge des Lyonnais est lavé. La dernière disparaît en 1944, s'inclinant devant la suprématie de l'eau courante.

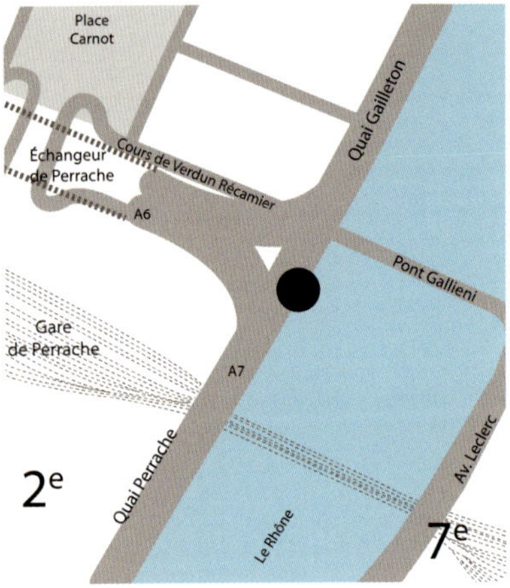

L'ère du « Bétonneur »

Tout change à partir des années 1960. Fasciné par les grandes villes américaines traversées quasiment sans feu rouge, le maire Louis Pradel décide de moderniser la ville et de l'adapter au tout automobile. Pour désengorger le tunnel de la Croix-Rousse et la circulation vers le confluent, un puissant axe routier nord-sud est aménagé sur la rive droite du Rhône. Il prend place depuis le débouché du tunnel jusqu'au pont Gallieni, où l'autoroute A7 prend le relais à partir de 1971. C'est la fin des bas-ports, engloutis sous des tonnes de béton. D'où le surnom de « Bétonneur » parfois donné au maire… La rive droite du Rhône retrouvera-t-elle un jour sa superbe, au même titre que la rive opposée ? Premier obstacle à franchir, et de taille : le déclassement de l'autoroute.

ɔont du Midi et les plattes, vers 1910.
_3396, AM Lyon.

Le vert langage *des platières*

En voici qui ne passent pas inaperçues : les « platières », ces blanchisseuses aux allées et venues sonores, teintées de chants, de cris et d'invectives. Un don d'éloquence qui n'est pas toujours du goût du voisinage, mais qui assure le spectacle pour les promeneurs. Le linge n'est d'ailleurs pas le seul à transiter au bateau-lavoir. Tous les commérages de la ville y font halte également.

Est-ouest : la grande traversée

Curieuse idée que celle de baptiser deux ponts du même nom ! Le pont du Midi, donc, était double. Ses deux jambes, jetées respectivement sur la Saône puis sur le Rhône, permettent dès le milieu du XIXe siècle de traverser la Presqu'île en ligne droite *via* le cours du Midi (futur cours de Verdun). Reconstruit en 1891 suite à un premier ouvrage métallique vite fragilisé, le pont du Midi sur le Rhône (renommé Gallieni en 1917) est hérissé de huit pyramides en pierre, elles-mêmes décorées de boules à pointes en fonte. Vite devenu incontournable, cet axe est-ouest se heurte aux difficultés de circulation engendrées par le boum de l'automobile dans les années 1960. Un nouveau pont sur le Rhône voit le jour en 1965, plus adapté au trafic. Mais surtout, on parle de creuser un grand tunnel sous Fourvière.

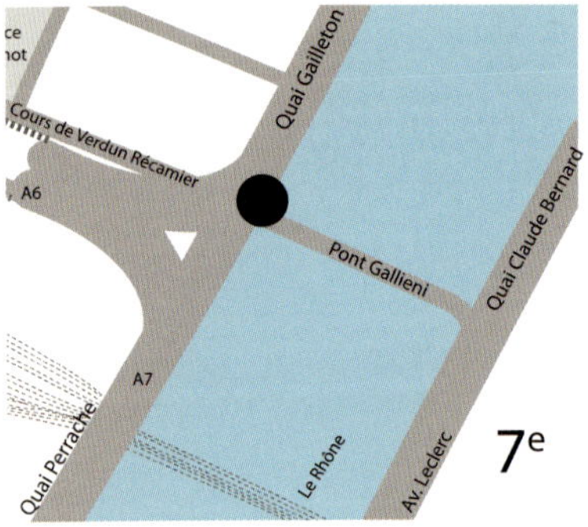

La tentation de « l'autoroute urbaine »

L'idée d'un tunnel n'est pas neuve, elle court depuis une trentaine d'années. La décision est finalement prise par Louis Pradel, mais le projet prend vite une autre dimension. Dans le cadre de la jonction entre les autoroutes A6 et A7, l'Etat fait les yeux doux au maire de Lyon et lui suggère que l'A6 emprunte le tunnel de Fourvière. La chose serait provisoire, en attendant le futur contournement ouest de Lyon… que les Lyonnais attendent toujours. Pradel se laisse convaincre. Le tunnel autoroutier ouvre en 1971. Six ans après, la jonction avec l'autoroute A7 est effective sous le nouveau centre d'échange de Perrache, amarré en plein cours de Verdun. Le bloc de béton, bien visible depuis le pont, absorbe l'ensemble du trafic routier et autoroutier entre le Rhône et la Saône. Non sans quelques indigestions.

Pont du Midi sur le Rhône, Manufacture des tabacs et coteau Saint-Irénée, vers 1915.
4FI_11330, AM Lyon.

L'odeur *de la cigarette*

C'est ici, à l'angle du quai Gailleton et du cours du Midi, que se tient la Manufacture de tabac de Lyon de 1811 à 1927. Ici que le tabac, arrivé brut depuis les contrées lointaines de production, est trié, mouillé, haché et calibré, avant de finir roulé en cigarette ou bourré dans une pipe. Ici, enfin, qu'opèrent les fameuses *tabattes*, ces ouvrières portant jupons et grandes boucles d'oreilles qui scandalisent les dames du quartier d'Ainay.

La parenthèse frigorifique

Pendant une soixantaine d'années, la rue Seguin est le théâtre d'une petite révolution : la démocratisation de la chaîne du froid à grande échelle. En 1923, la Société lyonnaise de froid industriel, la Compagnie lyonnaise de glace hygiénique et la Compagnie des chemins de fer de Paris à Lyon et à la Méditerranée (PLM) s'associent pour créer la Société des entrepôts frigorifiques lyonnais. L'usine s'installe sur les terrains de l'ancien marché aux chevaux qui se tenait tous les samedis en plein air depuis 1840. Mais les tramways sont devenus électriques, les voitures à essence et les fidèles montures nettement moins demandées. La place est libre.

Mieux conservé, mieux distribué

Avec une capacité de stockage de 47 000 m^3 à des températures allant de + 10 °C à - 35 °C, le site est, à son ouverture, le plus important entrepôt frigorifique de France. Il est relié à la gare de marchandises de Lyon Perrache 2 grâce à un embranchement ferroviaire de 1 500 mètres créé pour l'occasion. Chaque jour, il peut fabriquer 200 tonnes de glaces et réfrigérer jusqu'à 100 wagons de denrées alimentaires périssables venues de toute la région sud-est. Elles y sont désinsectisées, préparées et conditionnées, ou simplement conservées, avant d'être commercialisées. A partir de 1945 et le rattachement à la société Socora, l'usine s'équipe d'installations frigorifiques spécialisées et d'une station de conditionnement et d'emballage pour les fruits et légumes. Dès sa création en 1961, le marché de gros établit ici son frigo jusque dans les années 1980. L'espace libéré après la démolition des entrepôts a été réinvesti par des immeubles de bureaux et de logements, accueillant entre autres une partie des habitants de l'ancienne cité ferroviaire du cours Charlemagne.

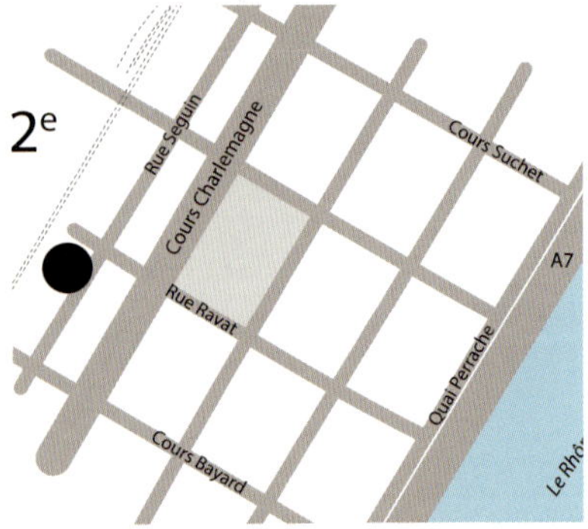

Société des entrepôts frigorifiques lyonnais : vue d'ensemble des deux corps de bâtiment à façades aveugles. Fonds Jules Sylvestre, vers 1930. P0546_S 1675, BM Lyon.

Chevaux, militaires *et boulistes*

Au milieu du XIXe siècle, nous sommes ici en bordure de l'immense place de l'Hippodrome, réduite aujourd'hui à peau de chagrin. Après avoir animé la place Louis XVIII (actuelle place Carnot), le marché aux chevaux et aux ânes s'installe le long de la rue Seguin, côté Saône. Tous les dimanches, le lieu est investi par les boulistes. Mais il sert également de terrain de manœuvres pour les casernes voisines.

Le retour en grâce des prisons

Exit les geôles crasses et bondées, la réclusion et l'exclusion. Depuis le transfert des détenus à Corbas en 2009, les prisons Saint-Joseph et Saint-Paul de Perrache n'ont plus que la peau sur les os. Un temps promises à la démolition, elles sont sauvées grâce à une forte mobilisation. Car derrière la douloureuse mémoire de l'enfermement se cache le patrimoine. Et il est de taille. Construites à trente ans d'intervalle, les deux structures offrent un résumé de l'architecture carcérale du XIXe siècle. D'un côté, Saint-Paul : une prison circulaire, dite « panoptique », conçue pour permettre une surveillance totale centralisée depuis le cœur du bâtiment. De l'autre, Saint-Joseph : un système en « peigne », relevant d'une logique humaniste et hygiéniste prônant l'aération, l'ensoleillement et l'égalité de traitement entre les prisonniers.

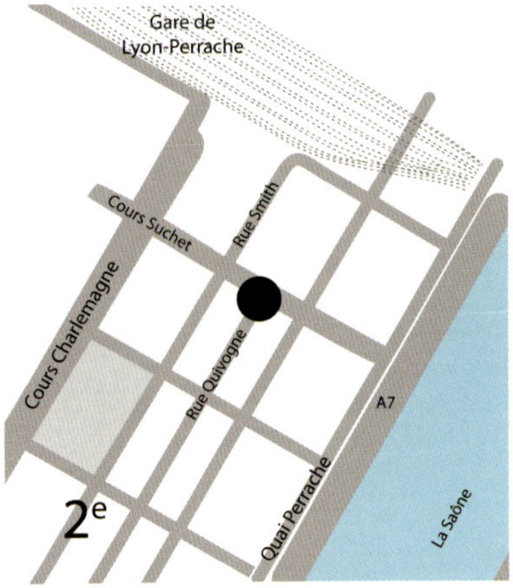

Seconde peau, seconde vie

Après une vaste opération de réhabilitation, la prison Saint-Paul jouxtant la nouvelle place des Archives sera à nouveau parcourue de long en large… mais par des milliers d'étudiants. C'est ici que devrait en effet s'installer le campus de l'université catholique de Lyon. Quant à sa voisine bordant le Rhône, elle sera investie de bureaux, de logements intergénérationnels et du laboratoire d'économie sociale et solidaire de la fondation Habitat et Humanisme. Verrière, toits végétalisés, façades en partie recouvertes d'une résille en cuivre, jardins de traverse… De quoi tourner une page, sans fermer le livre.

Vue d'entrée de la prison, du bâtiment C et de la chapelle depuis la rue Quivogne vers le début du XXe siècle.

Deux coupoles *en signature*

Au centre de chacune des deux anciennes prisons, on trouve une chapelle à coupole. Celle de Saint-Paul, visible sur la photo, est située au premier étage de la rotonde centrale. Elle communique avec les bâtiments en étoile amenés à être réaménagés en salle de cours. Celle de Saint-Joseph sera vraisemblablement transformée en brasserie par l'association Habitat et Humanisme.

Place de l'Hippodrome : la messe est dite

Le cœur de l'un des quartiers historiques de Perrache est ici, sur cette place autrefois immense dont la superficie dépassait celle de la place Bellecour. Celle que l'on nomme d'abord champ de Mars, place Charles X puis place Louis-Philippe frise les 7 hectares et apparaît sur les plans alors même que le nouveau quartier de Perrache sort les pieds de l'eau au début du XIXe siècle. Elle sert à la fois de promenade et de champ de manœuvres militaires pour l'armée. Une dizaine d'années plus tard, en 1840, la voilà transformée en hippodrome bordé par une promenade et des platanes. Cinquante mille spectateurs s'y donnent rendez-vous pour assister au Grand Prix de Lyon de 1843. Faute de moyens, les activités équines de la place cessent après la révolution de 1848, excepté quelques spectacles équestres. Mais le nom, lui, restera.

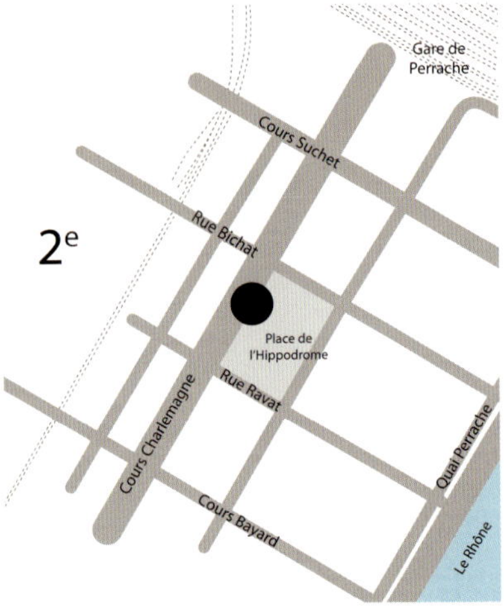

Sainte-Blandine et la flèche coiffante

Vers 1860, on compte environ 7000 âmes *« derrière les voûtes »*, habitants pionniers d'un territoire encore peu valorisé et surnommé ainsi à cause des tunnels d'accès percés sous la gare de Perrache. Suite à la construction de la gare en 1857, un nouveau plan de lotissement est voté par le conseil municipal. Les constructions empiètent désormais largement sur la place de l'Hippodrome, qui se voit réduite à un sixième de sa superficie. Et comme la nouvelle paroisse Sainte-Blandine, créée en 1841, n'a toujours pas d'église, on décide d'en construire une au centre de la place. Inaugurée en 1869, elle vit pendant vingt ans dépourvue de la flèche octogonale initialement prévue sur sa tour carrée. La photo ancienne date de cette époque et témoigne de l'esprit de village qui régnait alors dans le quartier. La flèche sera posée en 1890, grâce à un don du curé de la paroisse.

L'église Sainte-Blandine avant 1890.
Carte postale ND Phot.
B01CP69000 000602, BM Lyon.

© Cliché B. Devin.

Canuts *hippiques*

Les travaux du nouvel hippodrome commencent en 1838, en pleine période de crise de l'industrie de la soie. Parmi les ouvriers embauchés sur le chantier, on retrouve un certain nombre de canuts privés de travail, venus creuser la piste de 18 mètres de large et façonner le talus gazonné circulaire qui servira de tribune pour les spectateurs.

A la recherche de la première gare lyonnaise

Avant la gare de Perrache, il y eut… la gare de Perrache. Ou, plus exactement, la gare du Bourbonnais, premier vrai débarcadère construit sur la Presqu'île. Les frères Seguin ont tenu leur promesse : amener le chemin de fer jusqu'aux terrains cédés par la Ville au sud de la péninsule. En 1932, la ligne Saint-Etienne - Lyon franchit le pont de la Mulatière et débouche à la pointe du confluent, où est installé un débarcadère provisoire. En 1847, le terminus de la ligne est déplacé le long de la chaussée Perrache. Ici s'élève la gare, l'une des premières de France, reliée à la navigation fluviale grâce à la gare d'eau toute proche.

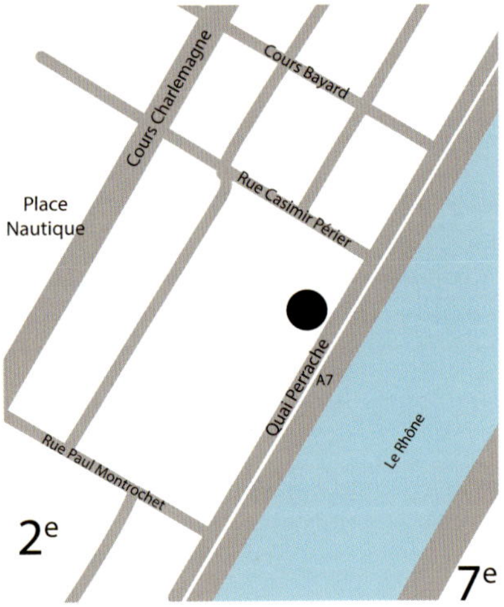

Le futur quartier de l'ex-marché-gare

Avec le comblement de la gare d'eau à partir de 1907, de vastes terrains se trouvent disponibles. Le cours Charlemagne est prolongé, à l'est duquel on songe dès les années 1920 à établir un véritable marché de gros pour l'agglomération. Jusqu'ici, les grossistes se retrouvent en bords de Saône, sur les quais Saint-Antoine et de la Bibliothèque. Le projet, qui n'est adopté qu'en 1955, entraîne la démolition de la gare du Bourbonnais, désaffectée depuis l'ouverture de la gare de Perrache en 1857. En 1961, on inaugure le marché-gare de Lyon qui officiera ici jusqu'à son transfert à Corbas en 2009. Témoins de l'activité logistique du siècle passé, ces bâtiments seront en partie préservés et reconvertis pour s'intégrer au nouveau quartier du Marché. Tout autour s'entrelaceront maisons de ville et immeubles dans un paysage percé de chemins de traverse et de noues laissant s'infiltrer l'eau ici et là. Le quartier devrait également être relié directement à celui de Gerland grâce au futur pont des Girondins.

Gare du Bourbonnais, vue générale depuis le nord-est, vers 1930.
8PH 02145, AM Lyon.

Monument historique… *provisoire*

En 1938, la façade et les toitures du débarcadère du Bourbonnais sont inscrites à l'Inventaire supplémentaire des monuments historiques français… avant d'être rayées de la liste quinze ans plus tard à la demande de la Ville. Il était l'heure de construire le marché-gare, moins patrimonial mais plus pratique.

Quai Rambaud : à l'accostage !

Il n'y a pas si longtemps, seuls les mariniers et les résidents des péniches amarrées ici connaissaient l'existence des bas-ports du quai Rambaud. Il faut dire que l'accès à la rive située juste en amont du pont SNCF n'était pas évident. Et même si l'endroit a été provisoirement réaménagé en 2001, en s'ouvrant davantage aux promeneurs, il reste encore assez semblable à sa physionomie d'il y a cent ans. A l'époque, le port Rambaud n'existe pas encore, même si on en parle déjà. Sa construction un peu plus au sud n'interviendra qu'à partir de 1919, et il n'entrera en activité qu'en 1926. En attendant, c'est ici qu'accostent les bateaux de marchandises. Ici, en particulier, qu'opère la puissante Compagnie générale de navigation HPLM (Le Havre-Paris-Lyon-Marseille). Née en 1893 du regroupement de différentes sociétés, elle possède pendant longtemps le monopole du remorquage à vapeur sur la Saône. Ses docks s'étendent le long du quai jusqu'au bâtiment de l'Embarcadère qui abrite alors un atelier de réparation navale.

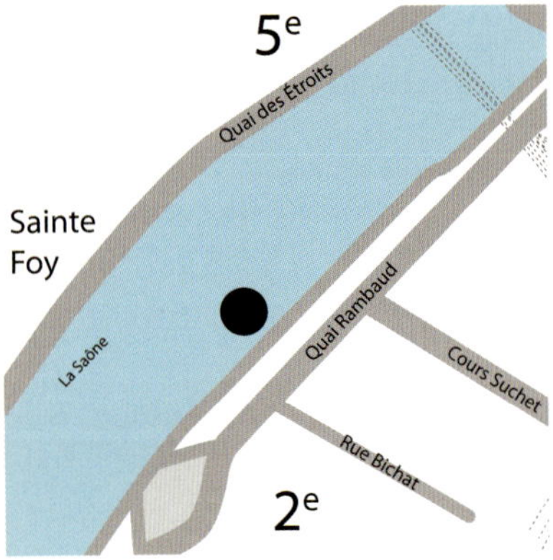

Un nouveau lien nord-sud, au fil de l'eau

Aujourd'hui, il y a du changement dans l'air. La promenade de l'ancien « port Perrache », située stratégiquement à l'entrée nord du nouveau territoire de la Confluence, fait partie intégrante du projet Rives de Saône. Un cheminement continu de 25 kilomètres reliera bientôt le nouveau quartier au centre-ville historique et, à plus long terme, au Val de Saône. L'idée est de créer un nouvel espace public permettant aux Lyonnais de se réapproprier leur rivière en y flânant, en y accostant ou en s'y divertissant. Une occasion, également, de relier agréablement le nord au sud de la Presqu'île en contournant l'« obstacle » Perrache. Bienvenue dans les futurs Jardins de Saône.

Le quai Rambaud, coteau de Sainte-Foy, vers 1910.
4FI_3406 AM Lyon.

La mémoire *de la Saône*

A certains endroits, sur le bas-port Rambaud, on trouve encore ces rails rappelant l'histoire économique du lieu, le mouvement des bateaux, le trafic des marchands de vin, le travail des mariniers et des « crocheteurs ». C'est ainsi qu'on appelait les conducteurs des grues à vapeur qui assuraient le chargement et le déchargement des marchandises à l'aide d'un crochet de fer.

L'arsenal : le feu et la poudre

C'est un endroit stratégique, symbole du pouvoir politique et militaire de la cité. Un lieu sous haute surveillance, pouvant s'avérer… explosif. Derrière ses hauts murs, entre le quai Rambaud et la rue Bichat, l'arsenal regroupe les armes et les munitions destinées à protéger la ville et à équiper les troupes en cas de menace intérieure ou extérieure. En 1845, lorsqu'il s'installe à Perrache, les habitants du centre-ville soufflent un grand coup. Jusqu'à cette date, l'arsenal se tient non loin de Bellecour, en pleine zone habitée, où il finit par exploser. Nous sommes en 1793, en plein siège de Lyon, et tout le quartier brûle avec lui. A l'époque, c'est le plus grand dépôt d'artillerie de France. Après avoir été provisoirement installé dans l'ancien couvent des Clarisses voisin, l'arsenal de Lyon trouve enfin un lieu à sa mesure : à la périphérie de l'hypercentre, dans le nouveau quartier industriel de Perrache. Là, il est sûr de ne gêner personne.

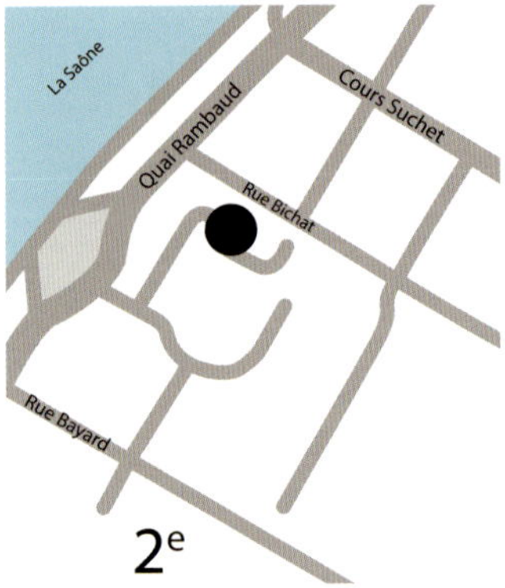

Place aux gendarmes

Le nouvel arsenal de Lyon occupe alors un vaste quadrilatère bordé par la Saône et la gare de marchandises de Perrache. On y stocke, répare et construit le matériel d'artillerie. L'armée s'y fournit en projectiles, qui sont fabriqués sur place. On y trouve même un atelier pour l'emboutissage des obus à partir de 1870. En 1915, en plein conflit, l'arsenal est agrandi. Il investit des terrains occupés jusqu'ici par une plâtrerie et que l'on distingue sur la photo, au nord de la rue Bichat, puis sera régulièrement agrandi jusqu'en 1940. Rattrapé par les risques du métier, le bâtiment de 1845 est victime d'un violent incendie en 1980. Démoli en 1983, il est remplacé par la caserne de gendarmerie Guy Delfosse.

Arsenal, vers 1910. 4FI_815, AM Lyon.

Verdure *et chapelle*

Entre la Saône et l'actuelle gendarmerie, jouxtant l'Embarcadère, le théâtre de verdure de la place du Général Delfosse accueille les flâneurs dans une ambiance « place du village ». Sur les gradins et alentour, on vient bavarder, piqueniquer, jouer aux boules et assister en juin au grand pardon des mariniers. Fêté traditionnellement ici, il débute par une messe dite sur le bateau-chapelle amarré juste en face.

Des abattoirs à la cité :
naissance d'un quartier populaire

1840 : la fin des « tueries » lyonnaises séculaires a sonné. A cette date, l'abattage des animaux est pour la première fois centralisé et réglementé selon les nouvelles théories d'hygiène : bienvenue aux abattoirs de Perrache, au sud de la rue Casimir-Perier. Evidemment, le choix du lieu n'a rien d'anodin. Les foyers de consommation restent proches mais l'absence de réel voisinage dans cette zone encore très peu bâtie met fin aux nombreuses plaintes qui s'élevaient contre cette activité bruyante et nauséabonde. De chaque côté de l'entrée, un pavillon sert à loger les employés. De longs bâtiments, vastes étables et bergeries, encadrent le site qui se veut fonctionnel mais qui s'avère vite exigu. Les abattoirs de Perrache ferment en 1929, alors qu'ouvrent ceux de la Mouche à Gerland.

2^{e}

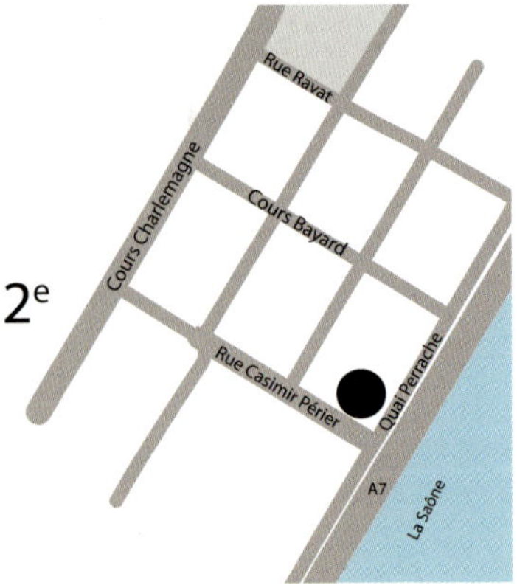

Habitat social : un quartier pionnier

Nous sommes dans les années 1920, en pleine crise du logement. A peine la décision est-elle prise de transférer les abattoirs sur la rive gauche du Rhône, que la municipalité envisage de reconvertir le site en dortoir. Les activités industrielles et logistiques implantées à Perrache attirent une main-d'œuvre nombreuse. Dès la fin du XIXe siècle, l'habitat ancien de la partie nord ne suffit plus et il est complété par des logements sociaux. Ces constructions s'intensifient dans les premières décennies du XXe siècle. C'est ainsi que, sitôt les anciens abattoirs démolis en 1932, apparaît la cité d'habitations bon marché (HBM), dite cité Perrache : sept groupes d'immeubles séparés par des cours-jardins, un lavoir et des bains-douches. Soit 281 logements, sans salle de bains !

Abattoirs à l'angle du quai Perrache et de la rue Casimir-Perier, premier quart du XXe siècle.
1 PH 01032, AM Lyon.

La mixité *en ligne de mire*

Aujourd'hui, les HBM de la cité Perrache, de la cité Quivogne (construits en 1913, rue Quivogne) ou de la cité Ravat (réalisée entre 1924 et 1932, rue Ravat) figurent parmi les derniers témoins de l'identité ouvrière et populaire historique du quartier. Mais cette vocation première n'a pas été abandonnée par la Confluence, qui réserve près de 30 % de son habitat à des logements sociaux.

La vie derrière les rails

Lignes surélevées, ponts, voûtes, remblais… Depuis le milieu du XIXe siècle, les Perrachois vivent dans un paysage urbain fortement marqué par son histoire ferroviaire. Délimité au nord par le rempart de la gare Perrache et l'axe Paris-Marseille, scindé en deux sur toute sa longueur par la ligne Saint-Etienne - Lyon, le quartier garde en mémoire cette naissance à la croisée des rails, à l'origine de son enclavement. Le développement du trafic ferroviaire appelant celui des activités de transport et de l'industrie, de nombreuses familles d'employés, d'ouvriers et de cheminots viennent s'installer ici. Les logements qui sont construits pour les héberger sont un autre marqueur majeur de l'identité du quartier : un habitat spécifiquement destiné à abriter cette population travaillant sur place, constitué d'immeubles individuels ou regroupés en cités.

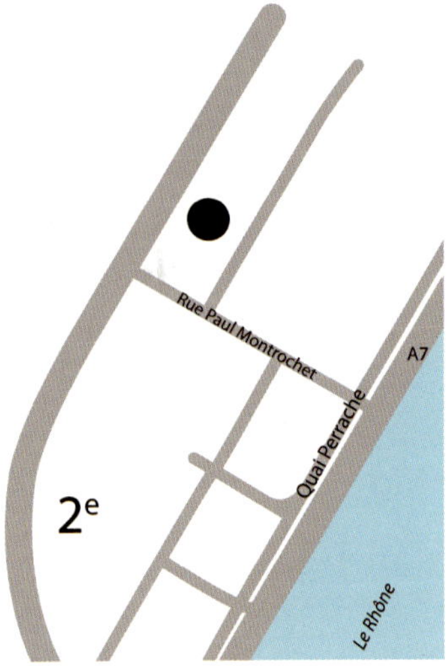

Cheminots partis, fonctionnaires en place

Quatre ensembles d'habitations ouvrières collectives apparaissent dans la première moitié du XXe siècle, tous situés à l'est du cours Charlemagne : les cités Quivogne, Ravat, Perrache et SNCF. Cette dernière manque aujourd'hui à l'appel. Construite dans les années 1930 sur une petite partie de l'ancienne gare d'eau par la compagnie PLM, elle est complétée dans les années 1950 par une seconde série de petits immeubles séparés par une cour commune. Encore debout en 2002, comme en atteste la photo en noir et blanc, la cité disparaît quelques années plus tard pour laisser la place à l'hôtel de Région flambant neuf et à ses 1 400 agents. Bientôt, c'est tout le territoire de l'ancienne gare d'eau qui renaîtra en nouveau quartier urbain, à commencer par l'immense zone anciennement occupée par le marché-gare.

Vue d'ensemble sud de la cité ouvrière dite cité SNCF, actuellement hôtel de Région, Photographie de E. Dessert. © Région Rhône-Alpes, Inventaire général du patrimoine culturel, ville de Lyon, 2002, ADAGP.

Portzamparc Christian (de), hôtel de la Région Rhône-Alpes, Lyon, © Adagp, Paris, 2013.

Confluence : *laboratoire d'architecture*

Encore isolé, l'imposant siège de la Région Rhône-Alpes conçu par l'architecte Christian de Portzamparc ne le restera pas longtemps. Il préfigure la deuxième phase du projet Confluence, côté Rhône, menée par les architectes suisses Herzog & de Meuron et le paysagiste Michel Desvigne. Pensé comme un bâtiment démocratique et durable, il se distingue par un atrium central donnant sur la salle des délibérations et par une très haute performance énergétique.

Confluence : retrouvailles avec la Saône

Après avoir tant cherché à assécher l'extrémité sud de la Presqu'île, voici qu'on laisse la Saône s'y infiltrer, pénétrant largement à l'intérieur des terres. Symbole de la réconciliation paisible du territoire avec ses berges et ses paysages fluviaux, la place nautique reprend en partie l'idée de l'ancienne gare d'eau du XIXe siècle, ouvrant le quartier sur la Saône. Elle s'organise autour d'un immense bassin où, depuis 2011, les plaisanciers de passage trouvent une halte fluviale. Ses 900 mètres de quais attirent les promeneurs. De par sa superficie (4 hectares dont 2 de bassin), elle s'inscrit dans la tradition des grandes places lyonnaises, marquant le cœur de ce nouvel hypercentre inscrit dans la continuité du centre-ville historique.

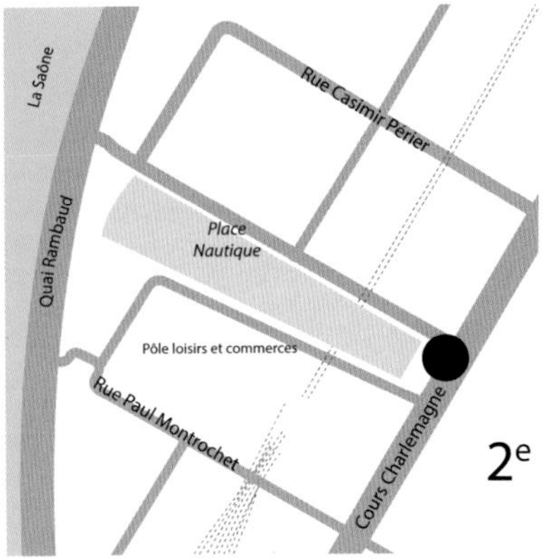

Nouveau poumon urbain

Où sont passés le stade et la MJC qui occupaient les lieux avant les grands travaux ? Un peu plus loin pour le premier, qui a été reconstruit au sud du cours Bayard. Quelques mètres plus loin pour la seconde dès l'automne 2013, dans un nouveau bâtiment. Entre-temps, le chantier de la place nautique a donné naissance à un impressionnant pôle de loisirs et de commerces intitulé Confluence, réalisé par l'architecte Jean-Paul Viguier. Sous sa « toiture ciel » faite de coussins translucides rétro éclairés la nuit, l'immense paquebot abrite depuis 2012 des boutiques, des restaurants, un cinéma multiplexe, un mur d'escalade, une salle de fitness, un ludopôle, un hôtel et un parking. De l'autre côté de la darse s'élève le Monolithe, un bloc mêlant logements, bureaux et commerces, composé de cinq façades différentes. Il côtoiera bientôt l'ensemble Hikari : trois immeubles à très faible consommation d'énergie situé entre le bassin et la patinoire.

Stade Charlemagne. Photographie de F. Blanchetière. © Région Rhône-Alpes, Inventaire général du patrimoine culturel, ville de Lyon, 2001, ADAGP.

Jeu de cubes, *jeu de mémoire*

Au nord de la place, une ligne d'immeubles semble jouer avec l'idée d'un empilement de conteneurs, clin d'œil aux anciennes activités portuaires et industrielles qui marquèrent le quartier jusqu'à la seconde moitié du XXe siècle. La parcelle de la future place nautique était alors occupée par des chantiers charbonniers et par l'usine à gaz de Perrache. C'était aussi un important site de stockage d'hydrocarbures.

Plus de sucre à la Sucrière

Inauguré en 1926 sur le quai éponyme, le port Rambaud est utilisé pour stocker les différents produits acheminés à Lyon par le rail ou le transport fluvial : sucre, charbon, vin, ciments… Il est directement relié à la gare de Perrache toute proche. Six entrepôts commerciaux s'y élèvent dans les années 1930. On en voit ici deux : le plus au sud, construit en 1927 et future Sucrière, est d'abord connu sous le nom de Magasin général des sucres. Le sucre apporté en vrac par les péniches y est déchargé et stocké. Le bâtiment s'agrandit dans les années 1960 avec une extension côté nord. Fermé en 1993, il est réhabilité dix ans plus tard pour accueillir la Biennale d'art contemporain de Lyon. Cela vaut à la façade ouest d'être repeinte plusieurs fois au gré de l'inspiration des artistes invités à s'en saisir. Témoin historique de l'activité portuaire du quartier, la Sucrière est aujourd'hui un élément clé du nouveau territoire de la Confluence. Depuis 2011 et un impressionnant lifting architectural signé Z Architecture, elle vit jour et nuit, mêlant toboggans à sucre historiques, expositions, événements, bureaux, concerts et spectacles avec club-bar et terrasse en toiture.

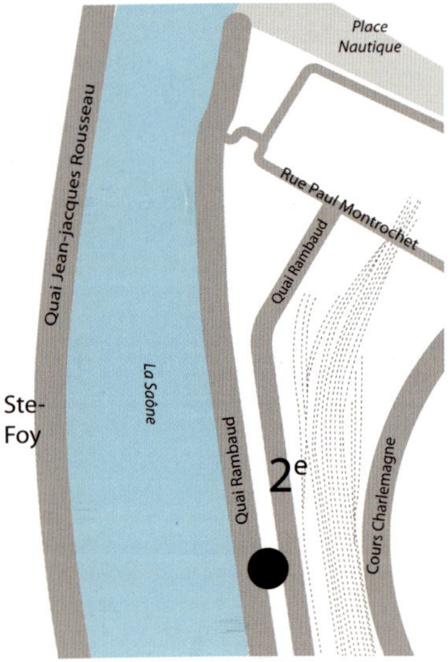

Mémoire industrielle et renouveau culturel

Le second entrepôt, à gauche sur la photographie, abrite les denrées stockées par les douanes de 1949 à 1994. Lui aussi contribue aujourd'hui, après une profonde réhabilitation, à imprégner le lieu de l'ambiance industrielle qui régnait sur les docks jusque dans les années 1990. Le grand rectangle, reconverti en galerie d'art par l'architecte Jean-Michel Wilmotte, est désormais vêtu d'une mantille noire grillagée. Un peu plus au nord, hors cadre, l'ancien entrepôt des Salins du Midi revit sous la forme d'une immense brasserie-restaurant dont la structure en arches rappelle celle de son prédécesseur.

Port Rambaud. Fonds Jules Sylvestre, cliché non daté. P0546_S 1815, BM Lyon.

La fin *d'un port*

C'est la fermeture définitive des Salins du Midi en 2003 qui met un point final à l'activité du port Rambaud. Très vite, sa physionomie de quai linéaire coincé entre la rive et le rail a nui au développement des activités industrielles et de stockage. La désaffection commence pour de bon dans les années 1980 au profit du port Edouard Herriot, son grand rival construit en 1935 sur le Rhône.

Les docks Rambaud à la pointe

En aval du Magasin général des sucres, le quai Rambaud n'a pas encore achevé sa mue. Le vieil entrepôt des vins construit à la fin des années 1920 n'existe plus, les parcs à charbon et les silos pour chaux et ciments ont disparu, tout comme le port pétrolier installé en 1929 à l'extrémité du quai prolongé pour l'occasion jusqu'au pont de la Mulatière. Sur la photo datant probablement des années 1930, on devine les 16 000 m^3 de réservoirs affectés aux hydrocarbures. Mais la guerre scelle rapidement le destin du jeune port pétrolier : le 18 juin 1940, ses installations sont incendiées et ne seront jamais reconstruites, le port Edouard Herriot ayant pris le relais. Un peu plus en amont, des « cases à charbon » ont longtemps subsisté avant le lancement de la restructuration complète des docks.

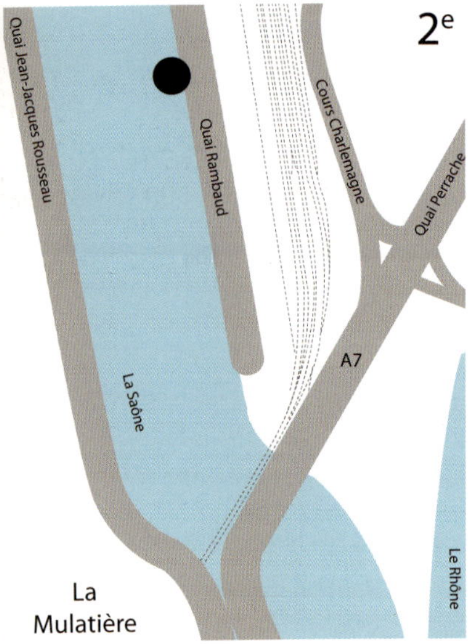

Structures métalliques d'hier et d'aujourd'hui

A l'extrémité sud de la Presqu'île, après une grande opération de dépollution des sols, de nouveaux bâtiments sont sortis de terre. Tout au bout du quai Rambaud, le futur siège social du groupe de communication GL Events (conçu par l'architecte Odile Decq) mélange style industriel classique et volumétrie atypique avec un parallélépipède scindé en deux masses et un porte-à-faux de 28 mètres. Le second bâtiment en construction accueillera, courant 2014, la chaîne de télévision Euronews. Ce petit frère du Cube Orange situé un peu plus en amont, signé des mêmes architectes (l'agence Jakob et Macfarlane Architectes), est paré d'un revêtement similaire mais de couleur vert vif. Autre point commun : la façade évidée, cette fois par deux cavités. De l'autre côté des rails, le gigantesque et ambitieux musée des Confluences prend forme, future figure de proue de la Presqu'île du XXIe siècle.

Port Rambaud. Fonds Jules Sylvestre, cliché non daté. P0546_S 1570, BM Lyon.

© Cliché G. Chauleur.

Chargement *et déchargement*

A l'origine, chaque entrepôt est équipé de deux monte-charges de 2000 kilos qui servent surtout à descendre les marchandises depuis les étages. Le chargement s'effectue directement en déposant les charges sur les balcons, fixes ou mobiles. Seuls deux portiques de déchargement, ponts roulants de structure métallique, restent visibles aujourd'hui sur le quai de l'ancien port Rambaud.

Sources

Archives municipales de Lyon, *Pourquoi pas Perrache ?*, 2002.
Barre Josette, *La Colline de la Croix-Rousse*, Editions Lyonnaises d'Art et d'Histoire, 2007.
Béghain P., Benoit Bruno, Corneloup Gérard et Thévenon Bruno, *Dictionnaire historique de Lyon*, Editions Stéphane Bachès, 2009.
Bideau Daniel, *Les Lieux disparus de Lyon*, Editions Lyonnaises d'Art et d'Histoire, 1993.
Borgé Guy et Marjorie, *Lyon naguère, 1840-1938*, Editions Payot, 1978.
Chauvy Gérard, *Lyon autrefois*, Editions Horvath, 1993.
Chauvy Gérard, *Lyon disparu 1880-1950*, Editions Lyonnaises d'Art et d'Histoire, 2010.
Gambier Gérald, *Cours et traboules de Lyon*, Editions La Taillanderie, 2005.
Gambier Gérald, *L'Extraordinaire Histoire du 8 décembre à Lyon*, 2011.
Grummel Andrée, *Ma vie derrière ces voûtes : petite histoire du quartier Perrache*, Aléas, 2009.
Guyot François et Valode Philippe, *Lyon d'antan*, HC Editions, 2004.
Kayser Françoise, *Cité de la Création, Guide des murs peints de Lyon*, Editions Lyonnaises d'Art et d'Histoire, 2002.
Pelletier Jean, Delfante Charles, *Atlas historique du Grand Lyon, formes urbaines et paysages au fil du temps*, Seyssinet-Pariset, 2004.
Racine Roland, *Les Transports en commun à Lyon*, Editions Alan Sutton, 2008.
Rimet Michel et Thelly Eric (Lyon Cervoise Club), *Les Brasseurs à Lyon*, conférence du 24 avril 2010.

La Ficelle, le magazine gratuit de la Croix-Rousse et de Caluire, n°s 3, 4, 5, 8, 13, 16, 20, 24, 28, 29, 31, 32, 35.
Dossiers électroniques de l'Inventaire général du patrimoine culturel de Rhône-Alpes :
http://sdx.rhonealpes.fr

Sites sur les rues de Lyon :
http://ruesdelyon.wysiup.net
http://lesruesdelyon.hautetfort.com